# 体能训练的新思路：核心稳定性训练研究

辛金花　卫国凯　著

中国海洋大学出版社
·青岛·

**图书在版编目（CIP）数据**

体能训练的新思路：核心稳定性训练研究 / 辛金花，
卫国凯著 . —青岛：中国海洋大学出版社，2019.7
ISBN 978-7-5670-2486-1

Ⅰ.①体…　Ⅱ.①辛…　②卫…　Ⅲ.①体能－身体训
练－研究　Ⅳ.① G808.14

中国版本图书馆 CIP 数据核字（2020）第 052150 号

体能训练的新思路：核心稳定性训练研究

| | | | | |
|---|---|---|---|---|
| **出版发行** | 中国海洋大学出版社 | | | |
| **社　　址** | 青岛市香港东路 23 号 | | **邮政编码** | 266071 |
| **出 版 人** | 杨立敏 | | | |
| **网　　址** | http://pub.ouc.edu.cn | | | |
| **电子邮箱** | youyuanchun67@163.com | | | |
| **订购电话** | 0532-82032573 | | | |
| **责任编辑** | 由元春 | | **电　　话** | 0532-85902495 |
| **印　　制** | 天津雅泽印刷有限公司 | | | |
| **版　　次** | 2020 年 8 月第 1 版 | | | |
| **印　　次** | 2020 年 8 月第 1 次印刷 | | | |
| **成品尺寸** | 170 mm×240 mm | | | |
| **印　　张** | 11 | | | |
| **字　　数** | 220 千 | | | |
| **印　　数** | 1~2000 | | | |
| **定　　价** | 54.00 元 | | | |

**如发现印装质量问题，请致电 022-29645110，由印刷厂负责调换。**

# 前　　言

随着现代体育运动的发展，为进一步提高我国体育健儿的运动技术水平，必须依靠体育科技的进步，特别是科学训练方法的创新与发展。而核心力量训练方法是现代体能训练方法的一种，它利用多种训练器材和训练方法提高运动员的核心力量能力，进而提高运动员的竞技能力。

体能训练作为一项有益的健身方式，涉及人体力量、速度、耐力、柔韧、灵敏等基础性运动能力。经常参加体能训练，对人们进行各项体育活动都大有裨益。体育训练是一种更科学、更有效的体能训练理念，不仅重视运动素质的发展，也同样注意结合运动员的身体形态、机能和心理训练及选材、运动营养、运动康复等学科的交叉应用，与传统体能训练在范畴及训练效果上有较大差异。

本书共六章，不仅对科学体能训练、体能训练的科学基础做了系统的概述，还对核心稳定性与核心力量的发展、核心力量训练的方法体系、核心力量的训练方法做了较深入研究。最后对专项体育运动的核心发展做了较深入研究。

本书在写作过程中，我们借鉴了很多相关的著作、论文等研究成果，在此对有关的学者、作者表示诚挚的感谢。

本书的研究可能会存在疏漏、不足之处，恳请广大读者批评指正。

作者

**2018 年 12 月**

# 目　　录

# 第一章　科学体能训练概述

本章主要从体能本质、体能训练的要求、体能训练疲劳、伤病症状以及体能测试与评估进行研究。

## 第一节　体能的本质

科学体能训练的核心内容就是通过科学合理的训练，在维护练习者健康的前提下，提高其体能水平，并尽可能减少运动性伤病和延长运动寿命。

### 一、体能与体能训练

#### （一）体能的概念

体能是指人体各器官系统的机能在各种运动中所表现出来的能力。体能包括两个层次：一个是基础体能，它包括维护生命基本活动、预防疾病、疲劳恢复以及日常生活工作所需的体能；另一个是竞技体能，主要是指在竞技比赛中使用出来的体能大小。与体能密切相关的有以下三个方面的要素。

（1）体能与适应能力的关系。人体对自然环境的突然变化的适应能力也是刺激机体的一个因素，为了适应气候的变化，也要进行一定时间的训练。

（2）体能与运动素质的关系。当人体开展运动活动时，人体的各个器官为了适应外界的变化进行协作性工作，此时运动刺激了身体器官产生变化，使得人们的运动素质增强。

（3）体能与心理要素的关系。心理因素也是体能的一部分。在进行体能活动时，我们的肌肉活动要受到大脑的控制，而心理也是影响大脑的一个因素。

综上所述，体能的具体定义为：人体各器官系统的机能在大脑控制下的身体（肌肉）和心理（神经）活动中所表现出来的主动与被动的能力，它是机体对外界刺激或外界环境适应过程所表现出来的综合能力。

### （二）体能训练的概念

体能训练是运用科学的运动负荷刺激等手段，促使人的身体形态和技能产生适应性变化，以提高人体适应运用需要的能力的训练。

体能的三个构成要素分别是身体形态、身体机能、运动素质，而体能训练正是以提高体能为目的，以发展各种运动素质作为主要目标。

## 二、体能训练的内容

### （一）一般体能训练

一般体能训练是指为了提高机体各器官系统机能，全面发展运动素质，为能在运动中取得理想的成绩或达到某一训练目标，而进行的一种非专项能力体能训练。一般体能训练也是保证身体健康的有效方法，它可以使人的心脏、血管、肺脏及肌肉组织等有效发挥机能。

### （二）专项体能训练

专项体能训练可以很大程度地发展专项素质，让人们在运动过程中能够非常顺利和有效地掌握专项技术的技能。专项体能训练的内容项目很多，每个项目之间都各有不同（表1-1）。

表 1-1 一般体能训练与专项体能训练的区别

| | 一般体能训练 | 专项体能训练 |
|---|---|---|
| 任务 | 1. 提高各器官系统机能，增进身体健康<br>2. 全面发展运动素质<br>3. 改善身体形态<br>4. 非专项的运动技术、技能和知识<br>5. 为提高运动技术水平创造一定条件 | 1. 提高与专项有关的器官系统机能<br>2. 最大限度地发展专项运动素质<br>3. 塑造专项所需的体型<br>4. 精确掌握与专项技术、战术有关的知识和技能<br>5. 促进专项运动成绩和技术水平提高 |
| 内容 | 对全面发展运动素质、身体机能有益的身体练习手段，如球类、体操、举重、游戏等 | 直接发展专项运动素质的练习，以及在动作特点上与专项动作结构相似的练习，或有紧密联系的专门性练习 |
| 作用 | 为专项运动素质的全面发展和专项成绩的提高打好基础 | 直接提高专项运动素质，促使运动员发挥优异的专项运动成绩 |

# 第二节 体能训练的要求

本节主要讲述体能训练的目标、原则与要求的相关内容。

## 一、体能训练的要求

体能训练的要求有如下几点。

### （一）训练要突出重点

在进行专项训练及比赛时，首先要奠定全面发展的体能素质基础，以利于专项训练的深化发展。在全面发展的同时，也要因人而异、因地制宜、有所侧重，根据个人具体情况和专项比赛的需要，进行有针对性的训练。

### （二）紧密结合运动专项特点

体能训练应紧密结合所学运动项目的技术和战术进行，使之能够在比赛中通过技术和战术的形式充分地发挥出来。体能训练手段的选择和运用是使体能训练与技术、战术训练紧密结合的关键，专项体能训练的内容安排和训练手段的选用，不仅要突出专项特征，在表现形式上尽量与专项技术动作或战术动作相一致，而且要充分考虑身体练习的生物力学等特征，使训练效果和比赛成绩得到切实提高。

### （三）训练要有系统的评价系统

要经常对训练者的身体运动能力进行测验，评定体能训练是否达到了预期目标、运动素质或机能水平是否达到了目标要求，找出体能训练系统的不足之处并加以完善。

## 二、体能的训练方法

体能的训练方法包括爆发力训练和灵敏协调能力的训练。

### （一）爆发力训练方法

#### 1. 爆发力基本概念

爆发力又称弹性力量，是人体神经肌肉系统通过肌肉快速收缩来克服阻力的能力。爆发力对所有需要"爆发性"有力运动项目（如跑、跳、投和技击等）的成绩起着决定性作用。

#### 2. 爆发力训练的训练进程

爆发力的提高来源于身体素质的不断提高，如图 1-1 所示。

（1）运动能力训练。最基础的训练水平被称为"运动能力"。就青少年（11～13岁）或未经过训练的老运动员而言，此阶段训练时间长达 8～12 周，主要发展以下几个方面的素质：关节的灵活性是关节内部与关节之间运动所能达到的正常活动范围，包括肌肉的柔韧性与结缔组织的伸展性；核心力量能起到

图 1-1  爆发力训练进程

稳定关节和躯干的作用，是把机体各部分联系起来的力量；力量耐力是较长一段时间能够持续发挥高水平肌肉力量的能力；无氧能力是在短距离运动中能够持续最大耐力的能力；身体组成是机体完成体育运动的效率。通过训练，可以对肌肉与脂肪比例产生影响；有氧耐力作为身体素质提高的辅助形式，可以安排在准备活动与放松活动中，运动员也可以在非训练器进行有氧训练。

（2）力量训练。运动员增加爆发力的第二阶段就是提高力量。力量提高有多种形式，并且远比提高某一肌肉张力复杂。

（3）速度力量训练。速度力量是运动员运动能力提高的关键因素，是爆发力提高的基础。这对于运动员而言似乎并不十分熟悉，为了适应从力量房到训练场的转换，运动员必须考虑对训练做出调整。我们可以通过从离心或制动，收缩到向心或加速，收缩之间的方向转换所用的时间来测量其力量的大小。

（4）速度／爆发力训练。运动员想要提高训练成绩就要提高其速度。运动员的许多特性以及他们所从事的运动会影响爆发力的进展，包括性别、年龄、训练经验、遗传以及运动项目都在考虑范围之内。要想达到顶级选手的技术水平，需要耐心学习，要知道成为一名爆发力很强的运动员并非易事。没有坚实的力量做基础，没有合理的指导和精心设计的训练计划为后盾，爆发力将很难提高。

### （二）灵敏协调能力训练方法

灵敏协调素质包含灵活素质和协调素质，它包括动态平衡能力、协调能力、爆发力等素质。灵敏协调素质训练需要运动员以一种最有效的方式来发展其移动、急停、启动、变向等方面的能力。灵敏协调素质训练对运动员神经肌肉和功率输出要求极高，需要在大强度训练前、代谢压力较小的情况下进行。灵敏训练要保证短时间（2～3 min），多间歇，以达到最大功率。

#### 1. 灵敏协调能力的基本概念

（1）灵敏素质是指运动员急起、急停、变向、再加速的能力。灵敏素质比简单获得和保持速度更加重要。灵敏素质包括了减速以及减速－加速的耦合能力，包括加速力量和减速力量的运动技能。灵敏素质能让运动员迅速做出反应，迅速有效地向正确的方向移动。

（2）协调素质的协调性指机体同时运用两三种运动能力完成一个运动的能力。协调素质包括一系列复杂的活动，这整个过程在千分之一秒内就完成了。协调素质的作用就是当对外部刺激做出反应时负责实施动作。技能的作用使这些协调能力统一起来，然后将一般的、特别的、专项的运动转化成一种高效率的、有效的动作组合。

### 2. 技术实训

（1）快速制动与起动能力训练。其训练目的是发展运动员在快速运动中制动身体的能力，提高灵敏性。其方法步骤分为以下三步：第一步，要求运动员听到"跑"口令时，迅速加速；第二步，当听到击掌时，最短时间将速度减至零；第三步，反复练习。训练要点一，加速要果断，尽快将速度加至最大；训练要点二，减速时，降低身体重心，逐渐减小步幅来降速。

加速－制动－再起动训练。其训练目的是发展运动员快速起动与快速制动能力，提高灵敏性。其方法步骤分为以下三步：第一步是要求运动员听到"跑"口令时，迅速加速；第二步是当听到击掌时，迅速降速；第三步是当再次听到击掌时，再次迅速加速。训练要点一：加速要果断，尽快将速度加至最大；训练要点二：减速时，降低身体重心，逐渐减小步幅来降速；训练要点三：第二次击掌要及时，当运动员速度减至接近零时击掌。

加速—制动—左／右／后变向训练。其训练目的是发展运动员快速起动与快速制动与变向能力，提高灵敏性。其方法步骤分为以下三步：第一步是要求运动员听到"跑"口令时，迅速加速；第二步是当听到击掌时，迅速降速；第三步是当运动员速度减至接近零时，教练员发出"左""右"或"后"的口令，运动员听到口令后，迅速做出反应，并迅速加速跑向口令方向。训练要点一：口令要及时；训练要点二：运动员变向时，先转头，并以直线方式跑进。

（2）灵敏步伐训练。单圆灵敏跑动练习。其训练目的是发展运动员利用脚步控制身体重心的能力。方法步骤分为以下四步：第一步是在场地上画一个或利用标志软盘摆置一个直径为 3～4 m 的圆；第二步是运动员在圆的任意一点开始，但是必须在同一点结束；第三步是练习者绕圆尽可能快速跑动，在整个练习过程中应尽可能地离圆近一些；第四步是运动员在绕圆跑动过程中应适当降低内侧肩，适当降低身体重心。训练要点一，绕圆跑动时应尽量离圆近一些，提高身体的控制能力；训练要点二，绕圆跑动时，避免脚的落位太近、两个脚绊在一起出现摔倒的现象。

锥形跑。其训练目的是发展运动员身体控制的能力，锻炼运动员的加速、减速和简单的变向能力，为发展复杂的灵敏能力做准备。方法步骤分为以下三步：第一步是，将三个标志软盘摆放成一个三角锥形，锥形的定点设为①号，另外两个分别设为②和③，②和③距离为 5 m，中心距①的距离为 6 m；第二步是练习者从②出发正向冲刺至①，到①后减速制动变后退跑向③移动；第三步是后退跑至③时减速制动，并迅速加速正向从此至①，到①后减速制动变后退跑向②移动，重复练习。训练要点一，练习过程中，练习者正向跑动变后退跑和后退跑变正向冲刺要尽量迅速；训练要点二，后退跑时，练习者要时刻调整身体运动方向，避免跑偏。

# 第三节　体能训练疲劳、伤病症状分析

体能训练对训练者的身体素质要求较高，在从事体能训练的过程中，训练者常会发生一系列的运动性疲劳和疾病，因此本节将这些疲劳、伤病的产生和恢复进行分析，并对运动处方的制定进行研究。

## 一、运动性疲劳的产生与恢复

疲劳是一种正常的生理现象，人们对疲劳的认识逐步得到了深化和提高。运动疲劳是人体在运动过程中，运动能力及身体功能出现暂时下降的正常生理现象，且对人体无太大的损害，只起到一种保护性信号或称保险阀的作用，提示人们不要过度疲劳，以免造成机体大的负担。因此，在出现疲劳症状时，训练者就要及时休息，制订合理的运动方案或计划。

## （一）运动性疲劳的分类

### 1. 按身体整体和局部划分

全身疲劳：训练者由于马拉松、激烈的足球比赛等全身运动使全身各器官机能下降导致的疲劳而造成全身身体机能下降。局部疲劳：训练者由于前臂负重屈伸运动、负重深蹲等过分的运动致使某一局部器官机能出现下降而导致的疲劳。两者之间有着密切的关系，局部疲劳可以发展为全身疲劳，而全身疲劳往往包含着以某一器官为主的局部疲劳。

### 2. 按疲劳发生的部位划分

脑力疲劳：训练者由于长跑等运动刺激使大脑皮层细胞工作能力下降，导致大脑皮层出现广泛性抑制而产生的疲劳。体力疲劳：训练者由于剧烈运动等使身体工作能力出现下降而产生的疲劳，如肌肉酸痛、周身乏力、工作能力下降等症状。

### 3. 按运动方式划分

快速疲劳：训练者由于短时间、剧烈运动引起的身体机能下降称快速疲劳。耐力疲劳：训练者由于参加马拉松跑、越野滑雪、长距离游泳等大强度、长时间运动时，引起的身体机能下降称耐力疲劳。

### 4. 按身体各器官划分

呼吸系统疲劳：训练者由于在长时间运动或憋气用力后引起的呼吸机能下降的现象，如呼吸表浅、喘不过气、肺功能下降等症状。骨骼肌疲劳：训练者在运动时引起的骨骼肌机能下降的现象。心血管疲劳：由运动引起的心脏、血管系统及其调节机能下降的现象。

## （二）运动性疲劳的产生及判断

科学准确地判别疲劳程度是科学训练的一个重要环节。如果判断晚了，会导致过度疲劳，甚至是损伤；如果判断早了，会使训练者的运动负荷不足，达不到运动训练效果的最佳化。

## 1. 自我感觉

如果运动员自我感觉其运动积极性下降，呼吸紊乱、口干舌燥、心悸、全身乏力、头部昏沉、动作迟钝、脚步沉重，甚至动作僵硬、失调、肌肉痉挛或疼痛、食欲不振、睡眠不好等症状时，说明已处于疲劳状态，需要休息。

## 2. 身体检查

在训练者运动训练后，通过观察其身体的反应来进行疲劳状况的判断，比如脸色苍白、眼神无光、表情淡漠、连打哈欠等。总的来说，运动性疲劳的症状归纳起来可总结为形体疲劳、脏腑疲劳和神志疲劳三种。形体疲劳，主要的疲劳症状有：肌肉酸痛、发紧、发硬；肌腱、韧带和肌肉压痛广泛；动作不协调、僵硬；脉搏多弦；关节处肌腱、韧带和骨疼痛，有压痛、微肿或不肿等。脏腑疲劳，主要的疲劳症状有：脾胃功能失调、食积阻滞、食少腹胀、口淡无味、厌食；面色淡白、气短懒言、头晕目眩、舌淡脉弱、心悸腰酸、神疲乏力；女性月经失常等。神志疲劳，主要疲劳症状有失眠不寐、精神不振、困倦厌训等。

## 3. 生理生化指标检测

疲劳状况需要通过检测训练者的不同组织、器官和系统的生理功能指标以及生物化学指标的变化，才能够精确地量化训练者的疲劳状况，有助于运动员疲劳程度的判断（表 1-2）。

表 1-2　生理生化检测指标

| 生理机能指标 | 运动系统指标 | （1）肌肉力量和耐力。在训练前后或次日凌晨进行检测肌肉力量和肌肉耐力的变化及恢复程度，并对疲劳的程度和恢复情况进行评价。通过最大随意收缩力检测指标对肌肉力量进行评价，肌肉耐力则通过测量定量重量负荷的持续时间或重复次数进行评价。一般肌肉疲劳的程度与肌肉力量和肌肉耐力下降的程度成正比 |
|---|---|---|
| | | （2）肌肉硬度。肌肉疲劳时收缩机能下降，而且放松能力也下降，表现为肌肉不能充分放松，肌肉硬度增加 |
| | | （3）肌电图。肌电图（EMG）是肌肉兴奋时所产生的电位的变化，反映了肌肉兴奋收缩程度，因此通过 EMG 可反映出肌肉是否疲劳。如果神经肌肉系统疲劳时，肌电图的一般特征为积分肌电值增加，肌电功率谱的高频成分减少，低频成分增加，即肌电功率谱左移 |

| | | |
|---|---|---|
| 生理机能指标 | 心血管系统指标 | （1）心率。心率是常用的评定运动性疲劳最简易的指标，一般常用基础心率、运动后即刻心率和恢复期心率对疲劳进行评价。训练者身体机能正常时，基础心率相对稳定；如果进行大运动负荷训练后，经过一夜的休息，基础心率较平时增加 5～10 次 / 分钟，则认为有疲劳累积现象。如果连续几天持续增加，则应调整运动负荷。人体进行一定强度运动后，经过一段时间的休息，心率可恢复到运动前状态。身体疲劳时，心血管系统机能下降，可使运动后心率恢复时间延长。因此，可将定量负荷后的心率恢复时间作为疲劳诊断指标，如在 30 秒时间内进行 20 次深蹲的定量负荷运动。一般心率可在运动后 3 分钟内恢复到运动前水平，而身体疲劳时，这一恢复时间则会明显延长 |
| | | （2）心电图。心脏疲劳时，心电图会发生明显的改变，出现心律不齐等症状 |
| | | （3）血压体位反射。血压体位反射主要是测定心血管系统的调节机能，其方法为：受试者成坐姿势，静息 5 分钟，测定安静时的血压。受试者仰卧并保持卧姿 3 分钟。测试人员推受试者背部使其恢复坐姿（不能让受试者自己坐起），立即检测血压，并每隔 30 秒检测一次，共持续 2 分钟。如果在 2 分钟内血压完全恢复即为正常，2 分钟内恢复一半以上为调节机能欠佳，2 分钟内完全不能恢复为调节机能不良 |
| | 呼吸系统指标 | 呼吸系统指标通常可以用呼吸肌的疲劳来衡量，采用肺活量计，连续测定 5 次肺活量，每次间隔 30 秒。如果 5 次肺活量值连续下降，说明存在呼吸肌疲劳现象 |
| | 神经系统指标 | （1）反应时。反应时间（Reaction Time）简称反应时，指从接受刺激到机体做出反应动作所需的时间，即刺激与反应之间的时间间隔 |
| | | （2）闪光融合频率。闪光融合是以闪烁的光作为视觉刺激，当其达到一定的频率所引起的心理效应，称为闪光融合现象 |
| | | （3）皮肤空间阈值。人在疲劳状态下，其触觉机能会逐渐下降，机体辨别皮肤两点最小距离的能力下降。疲劳时其阈值较安静时大 1.5 倍以上为轻度疲劳，如果大 2.0 倍以上则为重度疲劳 |
| | | （4）脑电图。脑电图可反映中枢神经系统机能状态，一般安静状态下慢波极少，而在运动后出现疲劳时，EEG 中慢波明显增多，表明大脑皮层抑制过程占优势 |
| 生化代谢物质指标 | 血液指标 | 血红蛋白主要生理功能是运输氧气和二氧化碳，并对酸性物质起缓冲作用，参与体内酸碱平衡调节。血红蛋白是评定运动员机能状况最常用的指标。如果训练者血红蛋白呈现持续下降趋势（下降 10%～15%），并且长时间处于较低的水平，则表明训练者处于疲劳状态，如果下降达 20% 或更高，则表明训练者处于过度疲劳状态 |
| | 尿液指标 | 运动会引起一些人尿液中蛋白质含量增多。运动后尿中蛋白质排出的数量可以作为评定运动员身体机能状况、运动负荷强度和数量的指标。运动后尿蛋白的数量与运动量有关，尤其与运动强度关系密切，同时也与运动员身体机能状况有关，因而可用尿蛋白出现的数量评定运动量，特别是评定运动强度 |

| | | |
|---|---|---|
| 心理学指标 | 观察评定 | 观察评定指在训练过程中教练员观察运动员在运动中的各种表现，从而合理地确定训练的内容和负荷，以提高训练的效果。观察评定是一种容易操作的方法，但其评定的尺度很难掌握。另外，它对观察人员的综合素质要求较高，在很多情况下由于观察人员的疏忽容易对心理疲劳现象的观察造成不正确的评定 |
| | 主观感觉评定 | 主观感觉是自我判定身体疲劳的重要依据。如果参加运动训练后，感到身体轻松、舒畅，并无不良的反应，说明这种疲劳是体育锻炼的正常反应。如果参加运动锻炼后，出现头昏、恶心、胸闷等症状，甚至出现厌恶体育锻炼的情绪，这就说明身体疲劳程度较重，应及时调整 |

### （三）运动性疲劳的恢复措施

#### 1. 一般恢复

睡眠是恢复体力、消除疲劳非常有效的方法之一。合理安排作息时间，讲究睡眠卫生，对预防运动性疾病具有重要的作用及意义。

合理摄取营养是除休息和睡眠等手段外，预防疲劳的重要措施。训练者在营养补充中要注意膳食平衡的原则，不能盲目补充，也不能补充过量。

沐浴对缓解人体疲劳具有重要的作用。一般来说，20 分钟左右的 40℃ 的温水浴对消除疲劳是最理想的，可以根据自己的具体情况，进行适当控制。除此之外，桑拿浴、保健浴等对疲劳的消除也有一定的效果。

按摩可以促进疲劳恢复，通过按揉手法，使皮肤和肌肉的血液、淋巴循环加强，按摩时间应限制在 30 分钟左右。同时，也可采用按摩带、按摩椅、滚动按摩器按摩床、摇摆按摩床、加压按摩器、负压按摩器等器械进行按摩，有助于消除疲劳。

音乐可以使中枢神经系统的疲劳得到缓解，可调节呼吸、循环系统功能，对骨骼肌能产生影响。根据训练者的情绪选择合适的音乐，同时要考虑到个人的文化素质和对音乐的欣赏能力。

消除疲劳恢复体力的方法有很多种，在生活中需要依据个人的具体情况进行综合性的运用效果才更显著。

## 2. 营养恢复

能源物质的大量消耗也是运动性疲劳产生的原因之一，应当补充一定的营养，如糖的补充、蛋白质的补充、碱性盐类的补充、维生素的补充、强壮食品及复方中药的补充，机体就能得到很快的恢复。其中强壮食品及复方中药被广泛应用于运动性疲劳的恢复中，如蜂蜜、人参蜂王浆、花粉、麦芽油、阿胶、鹿茸、中华鳖精、刺五加、复方丹参、田七、冬麦、枸杞子、紫河车、女贞子、何首乌等均被运动员较多应用。

## 3. 运动性手段恢复

一是肩部疲劳消除法。这种方法具有消除身体疲劳，增强活力，强化脊背、心脏机能的作用。具体可以使用仰卧、屈膝、用肩部和脚掌支撑身体、在酸痛的肩部停留 10 秒等方法。时间最好控制在 1 分钟左右。

二是胳膊疲劳消除法。这种方法具有消除胳膊的酸痛和疲劳、消除懒倦的作用。具体的方法：用手掌轻轻地摩挲整个酸痛的胳膊；按顺序按摩小臂、肘部、三角肌；特别注意按摩胳膊上发麻和发硬的地方；按摩肩部；运用前后摇动的胳膊运动疗法。时间最好控制在 3 分钟左右。

三是腰部疲劳消除法。这种方法具有消除腰部的酸痛和疲劳、扩张胸部的作用。具体方法：屈膝跪地或跪在床上，用双手抓住自己的脚脖子，身体后仰，胸部前倾，保持此姿势 6 秒；腰部的淋巴按摩法，要特别注意按摩淋巴停滞的地方。每个动作的时间最好控制在做 5 次，每次 6 秒。

四是大腿疲劳消除法。这种方法具有消除大腿和脚部疲劳、消除脚部浮肿的作用。具体方法：坐下后弯曲一条腿；用淋巴按摩法从脚脖子往上按摩；要特别注意轻轻地按摩膝盖后部。时间最好控制在 3 分钟左右。

五是全身疲劳消除法。这种方法具有消除全身疲劳、解除身体的压迫感、强化肠胃功能、增强耐力的作用。具体方法：仰卧在地板或床上，双手呈十字水平推开；双腿并拢，举到头部上端；把脚尖放在头前的地方静止 6 秒；慢慢地把双腿复归原处。时间最好控制在 30 秒左右。

## 二、运动性伤病的产生与处理

### （一）运动性损伤的产生与处理

运动性损伤包括腰扭伤、骨折、关节韧带损伤、关节脱位、滑囊炎等。

#### 1. 腰扭伤

腰扭伤的发生：由于腰部的肌肉没活动开就猛一用力，肌肉和韧带拉伸过度，或是负荷重量过大，强行用力，脊柱过度前屈，以及技术动作的错误等造成的。最容易发生腰扭伤的运动：举重、跳水、投掷、体操、篮球、排球等。

腰扭伤的处理：停止活动，立即休息，用热敷疗法较好，并注意适当加强背肌练习，也可去医院接受治疗。

#### 2. 骨折

骨折是较严重的运动损伤，主要有：锁骨骨折，发生的原因多数是由间接暴力作用造成，可用悬吊或复位进行锁骨骨折处理；肱骨外科颈骨折，常见的有无移位肱骨外科颈骨折和外展型骨折，无移位肱骨外科颈骨折的原因主要是直接暴力较小，使其产生裂缝骨折，外展型骨折的主要原因是由间接暴力造成的；肱骨髁部骨折，多由外伤所致，处理时如果无移位的肱骨髁部骨折，可用夹板或石膏托固定 2 ～ 3 周。

#### 3. 关节、韧带损伤

指间关节扭伤，是由于手指受到侧向的外力冲击或手指受到暴力作用使关节过伸所致。肘关节内侧软组织损伤，发生原因：手腕屈肌群及前臂旋前圆肌突然猛烈收缩与过度牵扯，或肘关节突然外展或过伸引起的损伤。肩关节损伤，发生原因：由肩关节的反复旋转或超常范围的活动，引起的挤压、摩擦和牵扯所致。膝关节胫侧副韧带损伤，发生原因：直接或间接外翻位暴力导致。踝关节扭伤，发生原因：跳起后落地姿势不正确，或落地时地面不平而导致。跟腱断裂，是由于激烈训练、比赛时强烈急停、变向，跟腱韧带劳累过度造成的。

## 4．关节脱位

肩关节脱位，发生原因来自间接外力，处理时应使患者处于仰卧位，处理人员站于患肢一侧，进行复位，将患者的上臂用颈腕吊带或绷带悬吊或固定患肢于胸前，2～3周去除固定。肘关节后脱位，处理时以右肘为例，先纠正侧方移位，牵引复位，用石膏托在功能位制动3周后逐渐开始练习肘关节屈伸活动。髋关节脱位，处理时患者仰卧，先进行复位处理，复位时常可听到或感到一明显响声。膝关节脱位，因强大暴力的作用而发生，使下肢麻痹，感觉运动丧失，肢体缺血造成坏死。

## 5．滑囊炎

滑囊炎的发生是体育运动中常见的一种劳损性伤病，处理时应抽吸出滑液，注射醋酸泼尼松类药物于滑囊内，并加压包扎即可。这种处理方法疗效较好，但易复发。

### （二）体能训练运动性疾病的产生与处理

#### 1．延迟性肌肉酸痛

肌肉酸痛的主要症状为肌肉僵硬、酸痛和自觉酸痛部位肿胀，严重者全身肌肉发生疼痛，且以肌腹为主。这是由于运动时肌肉活动量过大，导致局部肌纤维及结缔组织的细微损伤，以及部分肌纤维的痉挛所致，处理时要进行一定时间的热敷或按摩，并配合做一些伸展练习，也可口服维生素C以缓解症状。

#### 2．运动性低血糖

运动性低血糖的发生是由于长时间剧烈运动后，肌肉不断地收缩，消耗大量的能量，使血糖的储备下降。发生运动性低血糖后，轻者会出现饥饿感、出汗、心跳加快、头晕、面色苍白等症状，严重者则会发生昏迷甚至休克。

#### 3．运动性贫血

运动性贫血的发生是由于运动时肌肉对蛋白质和铁的需要得不到满足；剧烈运动时使血流加速、红细胞破裂，致使红细胞的新生与衰亡之间的平衡遭到破坏从而导致运动性贫血。运动性贫血的症状主要有头晕、恶心、心悸、心率加快、脸色苍白、呕吐、气喘、体力下降等。

运动性贫血的处理：适当减小运动量，必要时可暂停运动，并补充富含蛋白质和铁的食物，口服硫酸亚铁对治疗运动性贫血具有良好的效果。

# 第四节  体能测试与评估

体能的测试与评估主要包括以下八个方面的测试与评估。

## 一、柔韧性测试

良好的柔韧性可以增加关节活动幅度，进而提高运动水平；良好的柔韧性也可通过减少肌肉、骨骼系统的损伤来提高运动水平。因此，测量运动员的柔韧性是体能测试与评估中的一项重要内容。

### （一）坐位体前屈

本测定法测定股后肌群和腰背肌群的柔韧性，股后肌群柔韧性和弹性不够是造成运动性腰背受伤的主要原因之一，也会导致运动员速度和柔韧性缺陷、肌肉劳损。

测试所用的设备包括坐位体前屈专用测试木箱或者使用卷尺和一个 30 cm 高的箱子。测试程序如图 1-2 所示。

图1-2  坐位体前屈

第一，面对箱子光脚平坐，双脚底紧贴箱体。

第二，双手放于箱子上，掌心向下，身体尽可能前倾，双膝伸直紧贴地面，缓慢向前拉伸。

第三，进行三次拉伸，每次维持 2 s，测量指尖到达位置超出双脚的长度，即为测试成绩。

第四，测试精确到 0.01 m。

## （二）肩部柔韧性测试

肩部柔韧性是体能测试的一个重要指标，某些运动员通过反复训练，肩部肌群会变得很健壮，但同时也会变得很紧张。为了评估自身的缺陷，运动员应该定期进行健康检查，测量肩部的活动范围。

测试设备包括医用量角器、平坦的治疗床或者台面。测试程序如图 1-3 所示。

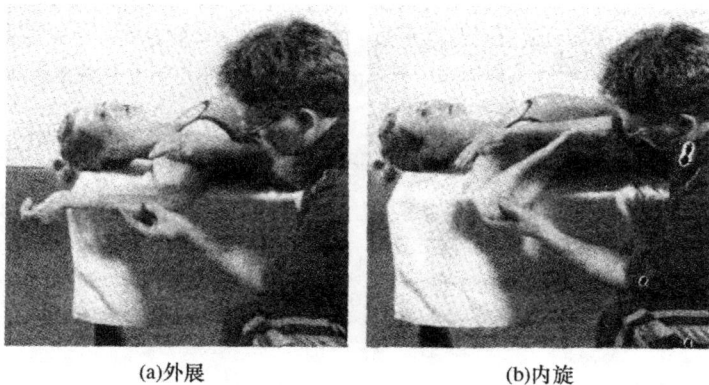

(a)外展　　　　　　　　　　(b)内旋

**图 1-3　肩部柔韧性测试**

第一，平躺于治疗台上，向上抬右侧手臂 90°，并弯曲肘关节呈 90°。如果站立位测试，则指尖指向天花板。

第二，上臂保持不动，用力向后旋转即外旋肩部 [图 1-3（a）]。保持该姿势，由检查人员使用角度计测量外展的角度。

第三，用力向前旋转即内旋肩部 [图 1-3（b）]。保持该姿势，由检查人员使用角度计测量内旋的角度。

第四，在测量过程中，检查人员应该轻轻扶住肩前部，稳定住肩胛骨，尽量减少错误的测量，但结果仍需进行记录。

第五，计算完全关节活动度（内旋的角度加上外旋的角度）。

第六，换另一侧肩，重复测试。

## 二、最大肌肉力量测试

评估运动员的基础力量水平是体能测试中的一项重要内容。最大力量测试是在较低速度下进行，可以反映出运动员在竞技体育中身体的基本力量能力。

### （一）深蹲

深蹲是几乎所有运动项目的运动员都需要进行测试的基本力量指标。深蹲时用力主要是依靠下肢肌群，但同时要求身体核心区域肌肉的稳定和支撑，属于结构性力量，反映了运动员最基础的下肢力量大小。

测试设备包括标准杠铃1套（最小配重为 2.5 kg）、稳定的深蹲架 1 套、安全的测试环境。测试如图 1-4 所示。

第一，运动员先进行一些热身运动，比如做几组中等负荷和几组较大负荷的深蹲。

第二，正式开始测试，运动员需要选择一个合适重量的杠铃放于背

(a)　　　　(b)

图 1-4　深蹲测试

部，双手握住杠铃杆，两脚稍向外打开，在测试过程当中要保持双脚的稳定支撑。杠铃两端需要有经验的测试人员进行保护。

第三，运动员按照标准规范举起杠铃，休息一小段时间后增加一定的重量进行下一次测试，直到达到运动员所能举起的最大重量为止并记录这个最大重量。

## （二）平板卧推

卧推是几乎所有运动项目的运动员都需要进行测试的基本力量指标。卧推主要用力是依靠上肢肌群，但同时要求身体核心区域肌肉的稳定和支撑，反映了运动员最基础的上肢力量大小。

测试设备包括标准杠铃1套（最小配重为 2.5 kg）、稳定的卧推架1套、安全的测试环境。测试程序包括以下六步。

第一，运动员首先进行热身运动，先进行几组中等负荷和较大负荷的卧推。

第二，正式开始测试，运动员需要选择一个合适重量的卧推架，然后平稳地躺在卧推架的长椅上，后脑、肩背部、腰臀部、右脚、左脚五点要稳定地支撑在长椅和地面上，身体在长椅上的位置要调整到眼睛正好在杠铃杆正下方，双手正握，闭合式抓杠，握距略宽于肩。

第三，运动员将杠铃平稳地从卧推架上取起，肘关节伸直，然后肘部慢慢弯曲，向下移动杠铃，直到杠铃微微触到胸部为止。向上用力推起杠铃，直到肘关节完全伸直，推起时始终保持身体与长椅和地面稳定的"五点支撑"。

第四，运动员按照标准规范举起杠铃，休息一小段时间后增加一定的重量进行下一次测试，直到达到运动员所能举起的最大重量为止并记录这个最大重量。

## 三、爆发力测试

爆发力是人体神经肌肉系统通过肌肉快速收缩来克服阻力的能力。爆发力与力量和速度均成正向相关。爆发力是体能测试中重点要评估的一个重要内容。

## （一）垂直纵跳

垂直上跳测试主要测试下肢爆发力，包括力量和速度，对很多运动项目来说这都是非常有效的测试。

测试设备包括粉笔、卷尺、墙面或者专用纵跳测试器。测试程序如图1-5所示。

第一，运动员面墙站立，双手扶墙，双脚平放在地面上。同伴用粉笔在墙上标记出指尖的位置，该点为运动员的起始高度。

第二，用粉笔涂抹右手指尖，侧立与墙壁。

第三，原地膝关节弯曲尽力向垂直方向纵跳，到达最高点用手触碰墙壁，留下粉笔标记。

第四，至少进行2次测试，测量出最高标记的高度，即为跳跃高度。

图1-5　垂直上跳测试

### （二）上步垂直纵跳

本测定方法测定腿部力量以及将水平动量转化为垂直力量的能力。测试设备包括粉笔、卷尺、墙面或者专用纵跳测试器。测试程序包括以下四步。

第一，运动员面墙站立，双手扶墙，双脚平放在地面上，同伴用粉笔在墙上标记出指尖的位置，该点即为运动员的起始高度。

第二，用粉笔涂抹右手指尖，侧立于墙壁。

第三，向后跨出距起跳点一步的距离，测试时向前迅速跨上一步，尽力向垂直方向纵跳，到达最高点用手触碰墙壁，留下粉笔标记。

第四，至少进行2次测试，测量出最高标记的高度，即为跳跃高度。

### （三）三步蛙跳

本测定方法测定运动员的下肢连续跳跃力量和协调性。

测试设备包括卷尺、平坦的场地。测试程序如图1-6所示。

第一，把卷尺拉开一段长度，将其两端用胶布固定并在卷尺的起始端做上记号。

第二，运动员站于标志线后，用力向前跳跃3次，跳跃时尽量保持动作的连贯和稳定。

第三，测量标志线到后脚跟着地处的距离。

图 1-6　三步蛙跳测试

（四）杠铃高翻

杠铃高翻是测试运动员爆发力的经典方法，测试动作动用全身 95％以上的骨骼肌，需要下肢、核心区域、上肢的协调用力才能顺利完成动作。但是，由于本测试技术要求非常高，必须在有专业体能教练指导下才能进行测试，而测试者也需要有一定的训练基础，并且能熟练掌握杠铃高翻的技术动作。

测试设备包括标准杠铃 1 套（最小配重为 2.5 kg）、安全的测试环境。测试程序包括以下五步。

第一，运动员先进行一些热身运动，比如做几组中等负荷和几组较大负荷的高翻活动。

第二，正式开始测试，运动员双腿开立，重量平分在两脚上，两脚间距介于髋宽与肩宽之间，身体下蹲，双手闭合式正握杠铃，握距略宽于肩，双臂置于两膝关节外侧，肘关节伸直；双脚平稳站立，杠铃杆位于脚的上方，距离胫骨 3 cm 左右。如图 1-7（a）所示。

第三，快速蹬伸髋部、膝部和脚踝，将杠铃提离地面，同时爆发性耸肩，将杠铃向上拉起，躯干保持直立或者微微后仰，身体完全伸展。如图 1-7（b）所示。

第四，利用爆发式提拉杠铃向上的惯性，身体下沉，膝关节稍稍弯曲，当上肢转至杠铃下方时，立即抬肘，使上臂与地面平行，将杠铃平稳地横架于锁骨与三角肌前部上面。如图1-7（c）所示。

(a)　　　　　　　　(b)　　　　　　　　(c)

图1-7　杠铃高翻测试

### （五）前抛实心球

前抛实心球测试主要用于评估运动员全身协调爆发式用力的能力。测试设备包括3 kg实心球、卷尺、宽阔平坦的场地。测试程序包括以下三步。

第一，将卷尺拉出一段长度，将其两端用胶布固定并在卷尺的起始端用胶布做上记号。

第二，运动员双脚打开站在测试线后面，双手和实心球自然下垂。

第三，测试时，受试者迅速将实心球上摆过头顶，充分伸腰展腹，使身体成"反弓"姿势，然后迅速收腹的同时利用上肢的协调爆发式用力将实心球沿着与地平面30°～40°的角度向前抛出。

### （六）跪姿前推实心球

跪姿前推实心球（图1-8）测试主要用于评估运动员的爆发力。

测试设备包括 3 kg 实心球、卷尺、宽阔平坦的场地。测试程序包括以下四步。

第一，将卷尺拉出一段长度，将其两端用胶布固定并在卷尺的起始端用胶布做上记号。

第二，运动员跪在标志线的泡沫垫上，面对投掷方向，后背挺直，胸部面对抛球路线，两腿平行且脚背朝下。如图 1-8 所示。

第三，双手握住一个 3 kg 的实心球，然后举过头顶两臂伸展。

第四，将臀部向脚跟的方向后移，充分伸腰展腹，使身体成"反弓"姿势，然后迅速收腹的同时利用上肢的协调爆发式用力将实心球从胸前沿着与地平面 30°～40° 的角度向前推出。

图 1-8　跪姿前推实心球测试

## （七）后抛实心球

后抛实心球测试主要用于评估运动员的身体协调爆发式用力的能力。

测试设备包括 3kg 实心球、卷尺、宽阔平坦的场地。测试程序包括以下六步。

第一，将卷尺拉出一段长度，将其两端用胶布固定并在卷尺的起始端用胶布做上记号。

第二，运动员站在测试线后，双脚打开，双手持实心球于身体前方并且背对投掷方向。

第三，测试时，运动员双臂伸直持球体前屈呈深蹲姿势，下摆实心球至小腿间并接近地面，迅速蹬腿、挺身、挥臂，向身体后上方利用协调爆发式用力沿着与地平面 30°～40° 的角度向后抛出实心球。

第四，身体环节的用力顺序自下而上，避免只用背肌或上肢发力。

第五，再次进行测试，测量球落点与标志线的垂直距离，取多次距离当中的最好成绩。

## 四、速度能力测试

速度能力是在特定动作中应用爆发力的标志，速度能力测试包括以下几种。

### （一）20 m（30 m）冲刺跑

冲刺跑主要测试运动员的启动速度能力，根据项目不同选择距离可能会略有不同，比如篮球、手球等项目可能会选择 20 m 测试，橄榄球、足球、棒球等项目可能会选择 30 m 测试。如图 1-9 所示。

测试设备包括电子计时系统（或者秒表）、平坦开阔的测试场地。测试程序包括以下两步。

图 1-9　速度能力测试

第一，在运动场地上标记起跑线，相距 20 m 处标记终点线。

第二，采用站立式或半蹲踞式起跑。

### （二）软梯正向快速步伐测试

软梯正向快速步伐测试主要测试运动员的动作速度。

测试设备包括电子计时系统（或者秒表）、10 格标准软梯（每格为边长 50 cm 的正方形）、标志盘、平坦开阔的测试场地。测试程序包括以下四步。

第一，在球场或运动场地上放置好软梯，以软梯的一端作为起点，距离软梯另一端 5 m 处，摆放标志盘并做好终点标志线。

第二，运动员面对软梯站在软梯的起点处，听到"开始"的口令后，开始启动，用脚踏入软梯的第一格，紧接着另一只脚也踏入软梯的第一格，然后用脚再踏入软梯第二格，另一只脚也随即踏入第二格，依次跑完软梯并全力加速跑过终点线。

第三，如果运动员测试过程中出现踩软梯横线或踢乱软梯的现象，必须重新进行测试。

第四，间歇 1 min 以上再次进行测试；测试 2 次，取最好成绩。

### （三）软梯侧向快速步伐测试

软梯侧向快速步伐测试主要测试运动员的侧向动作速度。

测试设备包括电子计时系统（或者秒表）、10 格标准软梯（每格为边长 50 cm 的正方形）、标志盘、平坦开阔的测试场地。测试程序包括以下五步。

第一，在球场或运动场地上放置好软梯，以软梯的一端作为起点，距离软梯另一端 5 m 处，摆放标志盘并做好终点标志线。

第二，运动员面对软梯站在软梯的起点处，听到"开始"的口令后，开始启动，侧向移动进入软梯，用脚踏入软梯的第一格，紧接着另一只脚也踏入软梯的第一格，然后用脚再踏入软梯第二格，另一只脚也随即踏入第二格，依次跑完软梯并立即转身正向全力加速跑过终点线。

第三，计时器从运动员起跑瞬间开始计时，身体越过终点线时停止。

第四，如果运动员测试过程中出现踩软梯横线或踢乱软梯的现象，必须重新进行测试。

第五，间歇 1 min 以上再次进行测试；测试 2 次，取最好成绩。

### （四）软梯正向进进出出步伐测试

软梯测试主要测试运动员的动作速度和协调性。

测试设备包括电子计时系统（或者秒表）、10 格标准软梯（每格为边长 50 cm 的正方形）、标志盘、平坦开阔的测试场地。测试程序包括以下五步。

第一，在球场或运动场地上放置好软梯，以软梯的一端作为起点，距离软梯另一端 5 m 处，摆放标志盘并做好终点标志线。

第二，运动员面对软梯站在软梯的起点处，听到"开始"的口令后，开始启动，当启动脚跨过横杆后，一只脚快速跟进跨过横杆，用脚立即向该格侧向跨出软梯，另一只脚向另一个侧向跨出软梯，用脚再次向前跨越横杆，踩入第二格内，重复上述动作依次跑完软梯并全力加速跑过终点线。

第三，计时器从运动员起跑瞬间开始计时，身体越过终点线时停止。

第四，如果运动员测试过程中出现踩软梯横线或踢乱软梯的现象，必须重新进行测试。

第五，间歇 1 min 以上再次进行测试；测试 2 次，取最好成绩。

### （五）软梯倒向进进出出步伐测试

软梯倒向进进出出步伐测试主要测试运动员的动作速度和协调性。

测试设备包括电子计时系统（或者秒表）、10 格标准软梯（每格为边长 50 cm 的正方形）、标志盘、平墨开阔的测试场地。测试程序包括以下三步。

第一，在球场或运动场地上放置好软梯，以软梯的一端作为起点，距离软梯另一端 5 m 处，摆放标志盘并做好终点标志线。

第二，运动员背对软梯站在软梯的起点处，听到"开始"的口令后，开始启动，身体向后移动，当用脚跨过横杆踩入第一个格子，另一只脚快速跟进踩入第一个格子，用脚立即向该格倒向跨出软梯，另一只脚向另一个倒向跨出软梯，用脚再次向后跨越横杆第二个格子内，重复上述动作依次跑完软梯，并立即转身全力加速跑过终点线。

第三，计时器从运动员起跑瞬间开始计时，身体越过终点线时停止。

### （六）两栏快速脚步测试（10 s）

本测试用于评定运动员的动作速度，由于技术要求非常高，必须在有专业体能教练指导下才能进行测试，而测试者也需要有一定的训练基础，并且能熟练掌握连续过栏的技术习作。

测试设备包括秒表、2 个 18 cm 高的塑料栏架、宽阔平坦的场地。测试程序包括以下三步。

第一，将两个栏架平行摆放在平坦的地面，距离为 50 ～ 80 cm。

第二，受试者侧对栏架，一只脚站在左侧栏架的外侧，一只脚站在两栏之间，当听到"开始"口令时，受试者向右高抬腿依次过栏。

第三，当右脚跨过第二栏架着地后，便开始向左跨，当左脚跨过第二栏架着地后，便开始向右跨。依次重复进行。

## 五、灵敏性测试

灵敏性测试包括以下几种。

### （一）T形测试

T形灵敏测试是美国国家体能协会推荐的经典灵敏性测试方法，适用于多种运动项目。

测试设备包括4个标志盘、秒表、胶带、卷尺、防滑平坦的地面。测试程序如图1-10所示。

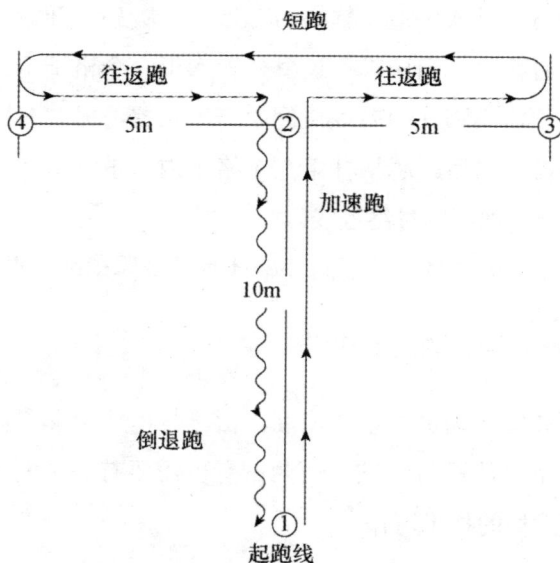

图1-10　T形测试

第一，测试在两个长10 m呈T形的跑道上进行，将标志盘①放于T形竖直线的底部，标志盘②放于T形竖直线的顶部，将标志盘③放于水平线的右端，标志盘④放于左端。起跑／终点线为标志盘①处。

第二，当听到"开始"的口令后，受试者从起跑线出发正向冲刺至③和④的中点，到达②用手触摸标志盘后，迅速侧向滑步至③并用手触摸标志盘，然后迅速变向做侧滑步至④。

第三，用手触摸标志盘④后，折返滑步至②用手触摸标志盘后，迅速转为倒退跑至①，测试两次取最好成绩，精确到 0.01 s。

第四，为安全起见，在离①处 1 m 左右放一个体操队垫，以防受试者向后跑时摔倒。

第五，测试时运动员必须按照要求触摸到标志盘，否则测试无效。

## （二）箭头跑

箭头跑测试很好地反映了运动员的灵活性、身体控制以及改变方向的能力，也适用于很多球类项目。

测试设备包括 4 个标志桶或旗杆、电子计时系统、卷尺、开阔平坦的场地。测试程序如图 1-11 所示。

第一，按照图示摆好标志桶或旗杆，B 点距 C、D、E 三点的长度为 5 m，B 点到 A 点的距离为 10 m。

第二，向右转身灵敏性测试。听到口令后，由 A 快速跑向 B 点，向右绕过 B 快速跑向 C 点；向右绕过 C 点后快速跑向 E 点；向右绕过 E 点后全力跑向 A 点，跑过 A 点计时；测试两次取最好成绩。

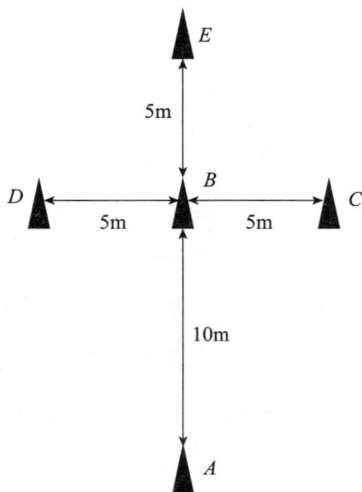

图 1-11　箭头跑测试

第三，向左转身灵敏性测试。听到口令后，由 A 快速跑向 B 点，向左绕过 B 点快速跑向 C 点；向左绕过 D 点后快速跑向 E 点；向左绕过 E 点后全力跑向 A 点，跑过 A 点计时；测试两次取最好成绩，精确到 0.01 s。

第四，灵敏性评价：用时越短，运动员灵敏性素质越好。

第五，左右转身灵敏性差异评价：比较运动员向左转身和向右转身的时间，两边误差不应超过 1 s。误差超过 1 s 以上说明运动员两侧灵敏性存在明显差异，训练中注意训练较弱一侧灵敏性。

### （三）阿贾克斯折返跑

阿贾克斯折返跑测试很好地反映了运动员的灵活性、身体控制以及改变方向的能力，也适用于很多球类项目。

测试设备包括电子计时系统（或者秒表）、卷尺、开阔平坦的场地。测试程序如图 1-12 所示。

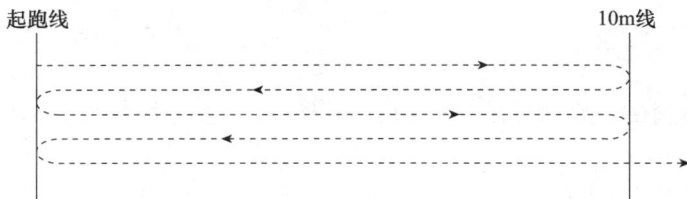

起跑线                                                        10m线

图 1-12  阿贾克斯折返跑测试

第一，在开阔平坦的场地上距离 10 m 做好两条标志线，一条为起跑线，一条为折返标志线。

第二，运动员从起跑线后 15 cm 开始，身体越过起跑线时开始计时，运动员全力向前跑然后单足触摸 10 m 线，然后改变方向往回跑；运动员单足触摸起跑线；再次改变方向向终点线冲刺，单足触摸 10 m 线后随即改变方向往回跑，单足触摸起跑线，运动员再次改变方向，加速向前跑过终点线，在身体越过终点线时停止计时，总距离为 50 m。

第三，共测试 2 次，取最好成绩，精确到 0.01 s。

### （四）蜘蛛拉网跑测试

蜘蛛拉网跑测试很好地反映了运动员的灵活性、身体控制以及改变方向的能力，也适用于很多球类项目。

测试设备包括 6 个标志盘、秒表、卷尺、防滑平坦的场地。测试程序包括以下四步。

第一，用 6 个标志盘摆成一个长方形，长边长为 8 m，短边长为 4 m，在长边各放 3 个标志盘，距离为 4 m。如图 1-13 所示。

第二，当听到"预备——跑"口令时，受试者从一个长边的中点（原点）出发，向场边左侧端点的标志盘冲刺，当触摸到标志盘后迅速转身冲回原点。

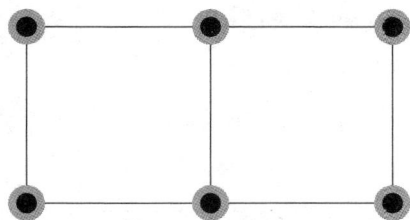

图 1-13　起始标志盘

第三，到原点后迅速转身冲至顺时针方向的下一个标志盘，以相同要求，依次跑完所有标志盘；最后跑完长方形长边右侧标志盘后，跑到起始标志盘，用手触摸到起始标志盘时停止计时。

第四，测试两次，取最好成绩，精确到 0.01 s。

### （五）伊利诺斯（Illinois）灵敏性测试

伊利诺斯（Illinois）灵敏性测试很好地反映了运动员改变运动方向以及控制重心的能力，适用于很多球类项目。

测试设备包括 8 个标志桶、秒表、卷尺、防滑平坦的场地。测试程序包括以下三步。

第一，按照图 1-14 所示，摆放好标志桶和做好起跑线和终点线。

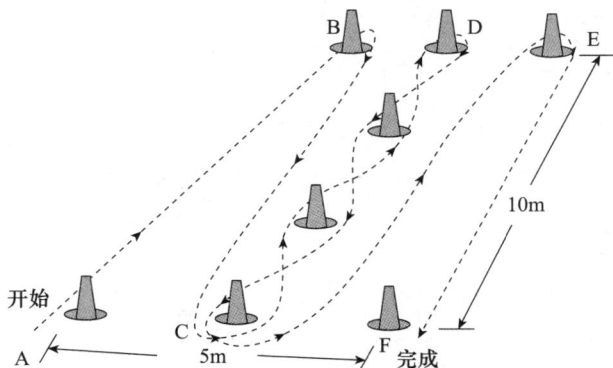

图 1-14　伊利诺斯灵敏性测试

第二，运动员双腿并拢平伸坐在起跑线 A 处，听到"开始"的口令后，运动员立即站起来，然后疾跑至左侧端点的标志桶 B 处，绕过标志桶 B 跑向标志桶 C，然后沿中间摆放的标志桶进行穿梭跑，到标志桶 D 处再穿梭跑回，再次绕过标志桶 C 全力冲刺跑向标志桶 E，绕过标志桶 E 后全力跑向标志桶 F。运动员身体越过终点线时，停表计时。

第三，测试两次，取最好成绩，精确到 0.01 s。

## 六、有氧耐力测试

有氧耐力指运动员利用能源物质的有氧氧化供能所能提供的最大供能速率。最准确的有氧耐力是通过在实验室的跑台上进行递增负荷跑，但这种测试需要的实验仪器条件很高，不便于普及和推广，因此有氧耐力测试通常由一些标准的有氧运动成绩来推算。

### （一）12 min 跑

12 min 跑测试是美国运动医学协会推荐的有氧耐力经典测试方法，此方法便于操作和推广，测试结果稳定，并可以推算运动员的相对最大摄氧量。

测试设备包括秒表、标准 400 m 田径场。测试程序包括以下两步。

第一，在标准 400 m 跑道上，运动员以稳定的速度尽力跑 12 min，12 min 内完成的跑动距离为测试成绩，精确到 10 m。

第二，根据测试成绩和表 1-3 可推测运动员的最大摄氧量。

表 1-3　12 min 跑成绩与最大摄氧量对照表

| 12 min 跑成绩 /m | 最大摄氧量 /mL/（kg·min） | 12 min 跑成绩 /m | 最大摄氧量 /mL/（kg·min） |
|---|---|---|---|
| 1000 | 14.0 | 2500 | 45.9 |
| 1100 | 16.1 | 2600 | 48.0 |
| 1200 | 18.3 | 2700 | 50.1 |
| 1300 | 20.4 | 2800 | 52.3 |
| 1400 | 22.5 | 2900 | 54.4 |

| 12 min 跑成绩 /m | 最大摄氧量 /mL/（kg·min） | 12 min 跑成绩 /m | 最大摄氧量 /mL/（kg·min） |
|---|---|---|---|
| 1500 | 24.6 | 3000 | 56.5 |
| 1600 | 26.8 | 3100 | 58.5 |
| 1700 | 23.9 | 3200 | 60.8 |
| 1800 | 31.0 | 3300 | 62.9 |
| 1900 | 33.1 | 3400 | 65.0 |
| 2000 | 35.3 | 3500 | 67.1 |
| 2100 | 37.4 | 3600 | 69.3 |
| 2200 | 39.5 | 3700 | 71.4 |
| 2300 | 41.6 | 3800 | 73.5 |
| 2400 | 43.8 | 3900 | 75.6 |

## （二）YOYO 测试

YOYO 测试为间歇性耐力测试，本测定方法主要用于测定球类运动员的有氧耐力。

测试设备包括大功率录音机、YOYO 音乐磁带、平坦开阔的场地。测试程序包括以下四步。

第一，在距离 20 m 的场地两端用标志盘做好标记，准备好录音机和 YOYO 专用音乐运带。

第二，运动员做好充分的准备活动后，站在 20 m 场地的一端开始准备测试。

第三，运动员在距离为 20 m 的两个标志物之间，根据磁带播放的口令和节奏，不断增加速度进行带有间歇的往返跑。队员在测试中完成尽可能多的跑动距离。

第四，记录运动员完成的等级和在此等级内完成的往返次数；然后按照表 1-4 可推算运动员的最大摄氧量。

表 1-4　YOYO 测试结果与最大摄氧量对照

| 等级 | 往返次数 | 推测最大摄氧量 | 等级 | 往返次数 | 推测最大摄氧量 | 等级 | 往返次数 | 推测最大摄氧量 |
|---|---|---|---|---|---|---|---|---|
| 4 | 2 | 26.8 | 5 | 2 | 30.2 | 6 | 2 | 33.6 |
| 4 | 4 | 27.6 | 5 | 4 | 31.0 | 6 | 4 | 34.3 |
| 4 | 6 | 28.3 | 5 | 6 | 31.8 | 6 | 6 | 35.0 |
| 4 | 9 | 29.5 | 5 | 9 | 32.9 | 6 | 8 | 35.7 |
| 7 | 2 | 37.1 | 8 | 2 | 40.5 | 9 | 2 | 43.9 |
| 7 | 4 | 37.8 | 8 | 4 | 41.1 | 9 | 4 | 44.5 |
| 7 | 6 | 38.5 | 8 | 6 | 41.8 | 9 | 6 | 45.2 |
| 7 | 8 | 39.2 | 8 | 8 | 42.4 | 9 | 8 | 45.8 |
| 7 | 10 | 39.9 | 8 | 11 | 43.3 | 9 | 11 | 46.8 |
| 10 | 2 | 47.4 | 11 | 2 | 50.8 | 12 | 2 | 54.3 |
| 10 | 4 | 48.0 | 11 | 4 | 51.4 | 12 | 4 | 54.8 |
| 10 | 6 | 48.7 | 11 | 6 | 51.9 | 12 | 6 | 55.4 |
| 10 | 8 | 49.3 | 11 | 8 | 52.5 | 12 | 8 | 56.0 |
| 10 | 11 | 50.2 | 11 | 10 | 53.1 | 12 | 10 | 56.5 |
| 13 | 2 | 57.6 | 14 | 2 | 61.1 | 15 | 2 | 64.6 |
| 13 | 4 | 58.2 | 14 | 4 | 61.7 | 15 | 4 | 65.1 |
| 13 | 6 | 58.7 | 14 | 6 | 62.6 | 15 | 6 | 65.6 |
| 13 | 8 | 5913 | 14 | 8 | 62.7 | 15 | 8 | 66.2 |
| 13 | 10 | 59.8 | 14 | 10 | 63.2 | 15 | 10 | 66.7 |
| 13 | 13 | 60.6 | 14 | 13 | 64.0 | 15 | 13 | 67.5 |
| 16 | 2 | 68 | 17 | 2 | 71.4 | 18 | 2 | 74.8 |
| 16 | 4 | 68.5 | 17 | 4 | 71.9 | 18 | 4 | 75.3 |
| 16 | 6 | 69 | 17 | 6 | 72.4 | 18 | 6 | 75.8 |
| 16 | 8 | 69.5 | 17 | 8 | 72.9 | 18 | 8 | 76.2 |
| 16 | 10 | 69.9 | 17 | 10 | 73.4 | 18 | 10 | 76.7 |
| 16 | 12 | 70.5 | 17 | 12 | 73.9 | 18 | 12 | 77.2 |
| 16 | 14 | 70.9 | 17 | 14 | 74.4 | 18 | 15 | 77.9 |
| 19 | 2 | 78.3 | 20 | 2 | 81.8 | | | |
| 19 | 4 | 78.8 | 20 | 4 | 82.2 | | | |
| 19 | 6 | 79.2 | 20 | 6 | 82.6 | | | |
| 19 | 8 | 79.7 | 20 | 8 | 83.0 | | | |
| 19 | 10 | 80.2 | 20 | 10 | 83.5 | | | |
| 19 | 12 | 80.6 | 20 | 12 | 83.9 | | | |
| 19 | 15 | 81.3 | 20 | 14 | 84.3 | | | |
| | | | 20 | 16 | 84.8 | | | |

## 七、肌肉耐力

肌肉耐力包括以下两种。

### （一）1 min 仰卧起坐测试

本测试方法用于评定运动员腹肌的肌肉耐力。

测试设备包括秒表、垫子。测试程序：

第一，如图 1-15 所示，运动员仰卧屈膝，双臂交叉，两手放于肩上，由同伴压住其双脚。

第二，听到开始的口令后，运动员在 1 min 内尽快完成标准的仰卧起坐，记录 1 min 内运动员完成的仰卧起坐个数。

图 1-15　1 min 仰卧起坐测试

### （二）1 min 俯卧撑测试

本测试方法用于评定运动员上肢力量和耐力。

测试设备包括秒表、垫子。测试程序包括以下三步。

第一，如图 1-16 所示，运动员俯卧，双手伸直将身体支撑起来，身体始终保持挺直，准备开始测试。

第二，听到"开始"的口令后，运动员在 1 min 内尽快完成标准的俯卧撑动作，记录运动员 1 min 内完成的俯卧撑次数。

第三，有效测试两次，取最好成绩。

图 1-16　1 min 俯卧撑测试

## 八、稳定性测试

稳定性测试有如下两种。

### （一）闭眼单脚站立测试

本测试方法是一个非常简便、易于多次重复测试的方法。

测试设备包括秒表。测试程序包括以下两步。

第一，运动员双臂交叉，两手放于肩上，以单脚站立，另一只脚抬起。

第二，听到"开始"的口令后，运动员闭上双眼，尽量保持身体的稳定，运动员将脚离开原地，或者抬起脚触及地面，测试结束，记录时间。

### （二）身体俯卧平板支撑测试

身体俯卧平板支撑是一项对核心稳定性力量的主观性测试方法。其目标是主观评估运动员的核心稳定性力量。

测试设备包括秒表、平坦开阔的场地。测试程序包括以下三步。

第一，如图 1-17 所示，像做俯卧撑一样趴在地面上，胳膊弯曲 90°，胳膊肘抵住地面，肩关节与肘关节均呈 90°，脚尖点地，全身只有前臂和脚尖与地面接触。

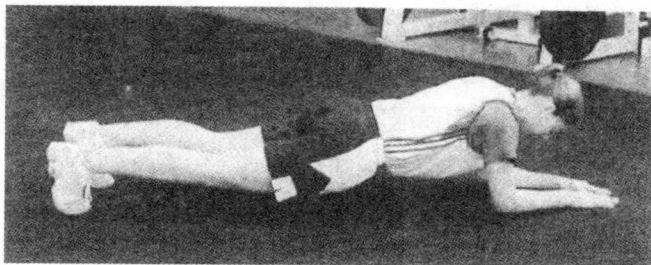

**图 1-17　身体俯卧平板支撑测试**

第二，测试时，核心肌群收紧，髋部与躯干保持上提状态，身体处于同一平面内，以迫使核心肌肉得到充分刺激。

　　第三，按照要求做好测试动作，待保持稳定状态后，开始计时 1min，教练员要观察运动员的身体是否有某一部分偏离初始位置。主要观察运动员测试过程中是否有以下方面变化：髋部没有保持伸展发生向上或向下移动，重心过于向肩关节偏移，身体向两侧发生倾斜。

　　该测试是核心力量训练的一种重要方法。

# 第二章　体能训练的科学基础

体能训练内容丰富，以生理学、心理学、生物化学和营养学为基础，在这些学科知识的基础之上，进行科学合理的体能训练。本章主要针对体能训练的科学基础进行研究。

## 第一节　体能训练的生理学基础

体能训练的生理学基础研究，主要是从体能训练的生理学原理和体能素质训练的生理学原理深入研究。

### 一、体能训练的生理学原理分析

体能训练中涉及的生理学原理诸多，如身体全面发展、适宜负荷、区别对待和技能掌握可逆性等原理。这里将对这些原理进行详细分析。

一是身体全面发展原理。身体全面发展原理的内容指人体的各部位与各器官、系统的功能，各项身体素质、运动能力以及心理素质等方面在体能锻炼的过程中通过运用多种练习内容、方法和手段得到锻炼，获得全面发展。通过体育锻炼能有效地促进身体的生长发育及发展各器官、系统的功能。

二是适宜负荷原理。在体能锻炼中，锻炼者基本适应某一负荷刺激后，就必须适时、适量地增大运动负荷，才能继续获得理想的锻炼效果。由于机体对新增的负荷都有一个反应—适应期，都有一个恢复的过程，因此体能锻炼中的负荷量增加是周期性的、逐步的、非连续性的，应该等机体对这一新的负荷基本适应之后再增加负荷。

三是区别对待原理。由于锻炼者的特点及个体间的差异，在体能锻炼的过程中要选择合理地练习内容、手段和方法，做到区别对待，科学安排运动负荷，以获取理想的锻炼效果。

四是掌握可逆性原理。可逆性原理以生物学"用进废退"的原理与条件反射规律为生物学基础，通过体育锻炼，各器官、系统、功能以及人体运动能力所获得的提高与增强会因锻炼的中断而下降。

## 二、体能素质训练的生理学原理分析

体能训练主要包括力量训练、速度训练、耐力训练、灵敏性训练和柔韧性训练。这里对这些训练的生理学原理分别进行分析。

### （一）力量训练的生理学原理

肌肉力量简称肌力，其表现形式和肌肉的收缩形式有关，如等速收缩、等张收缩、等长收缩，在一定条件下肌肉克服和对抗阻力的能力称为等速肌力、等张肌力和等长肌力。

影响肌肉力量的生理学因素主要有：一是肌肉初长度与肌力大小关系密切。在体能训练中，如挺举前的下沉动作是通过有效利用该因素的作用而获得更大的收缩力。二是最大肌肉横断面积。肌肉的最大横断与肌肉力量接近正比例关系，因此在力量训练中，可以用增大肌肉的横断面积，来提高肌肉力量。三是肌纤维类型。体能训练研究中，一般将骨骼肌纤维分为快肌纤维和慢肌纤维两大类，慢肌纤维百分比高的人肌肉力量较小。四是神经因素。中枢的作用主要是支配肌肉的运动神经元放电频率及其同步化的变化。五是性别。六是激素作用。肌肉力量受激素作用的影响很大，如雄性激素、甲状腺素、生长激素和胰岛素，都是促进肌肉生长和肌力发展的重要因子。

## （二）速度训练的生理学原理

中枢神经系统的兴奋状态、反射活动的复杂程度都是影响反应速度的生理学因素。如果中枢神经系统在适宜的兴奋状态下，那么反应速度较快；如果中枢神经系统处于过度疲劳状态或者其他影响条件下，反应速度则明显减慢。如果反射活动过于复杂，中枢信息需要加工的时间就越长，那么将导致反应速度较慢。

影响动作速度和位移速度的生理学因素：一是能量供应。速度与肌肉中三磷酸腺苷的含量有关，与神经冲动传入肌肉时磷酸腺苷的分解速度有关。二是身体形态和发育。速度素质和运动者的身体形态有关。三是肌纤维类型的百分构成。四是神经系统功能特点。神经中枢活动高度协调，使人体部位进行各种形式的快速运动。同时，神经中枢活动高度协调保证了在快速运动时迅速地吸收所有必要的肌肉协作参与活动，并抑制对抗肌的消极影响，发挥出最高速度。五是，肌肉力量。力量是引起人体加速度的原因，相对力量越大，肌肉就能越容易在运动时克服内、外部阻力，产生快速收缩。

## （三）耐力素质训练的生理学原理

影响有氧耐力的生理学因素：一是骨骼肌利用氧的能力。肌肉组织从人体的毛细血管血液中可以摄取和利用氧气。一般人的无氧阈约为65%最大吸氧量，而优秀耐力运动员则可以达到80%以上最大吸氧量。二是有氧运输系统的功能水平。优秀的耐力项目运动员的血红蛋白含量通常要比一般人或者其他项目运动员高，可以达到16克／100毫升血液以上，因此，其血液的载氧量也比一般人多。三是神经系统的调节能力。耐力训练能够有效改善神经系统的调节功能，使其活动更加适应耐力运动的需要。四是能量供应及其利用效率。耐力性运动的能量绝大部分来自肌糖原和脂肪的有氧氧化。能量利用效率指单位耗氧量条件下的机体做功能力。经研究发现，多数耐力项目运动员运动成绩存在差异，65%是因为能量利用效率的差异造成的。

影响无氧耐力的生理学因素：一是神经系统对酸性物质的耐受能力。在一定程度上，存在于肌肉和血液中的缓冲物质能够缓解酸性物质在体内的快速累积，但最终无法阻止肌肉和血液的 pH 向酸性方向发展。大量酸性物质能够影响神经系统对运动肌的驱动和对不同肌群活动的协调作用，从而影响运动过程中运动单位的激活和中枢控制的协调性。因此，经常从事无氧耐力训练，神经系统对酸性物质的耐受能力可以得到明显提高。二是对酸性物质的缓冲能力。经常从事无氧耐力训练，可以提高机体的耐酸能力，从而提高无氧耐力。三是骨骼肌的糖无氧酵解供能能力。从事不同代谢性质运动项目训练的运动员，其肌纤维百分构成和糖酵解酶活性有明显的项目特征。

### （四）灵敏性训练的生理学原理

影响灵敏素质的生理学因素：一是性别、体型及疲劳程度。灵敏素质与性别有着密切的关系，儿童期男女灵敏素质几乎没有差别，青春期男子逐渐优于女子，青春期以后男子明显优于女子。一般而言，过高而瘦长体型的人缺乏灵敏性，X 型腿、O 型腿的人缺乏灵敏性。在疲劳时，灵敏素质往往表现为速度降低、动作反应迟钝、动作不协调以及灵敏性显著下降等。二是大脑皮层神经过程的灵活性及其分析综合能力。高度的灵敏素质是在大脑皮层分析综合能力高度发展的情况下体现的。三是人体感觉器官的功能。人体的感觉器官具有为中枢神经系统提供体内外环境变化信息的功能，在决定灵敏性的好坏方面具有特殊的作用。

### （五）柔韧性训练的生理学原理

影响柔韧性的生理学因素：一是年龄。人体柔韧性的增长在 10 岁以前自然获得发展；10 ～ 13 岁可作为柔韧发展的弥补时期；13 ～ 15 岁为生长期，骨骼生长速度超过肌肉的生长速度，柔韧性有所下降；16 ～ 20 岁的年龄段，整个身体发育趋向成熟，可以加大柔韧负荷、难度。二是性别。一般女子关节的灵活性较好。三是肌肉、韧带组织的弹性因素。人体肌肉、韧带组织的弹性取决于中枢神经系统的兴奋性，因为在中枢神经系统的影响下，肌肉的弹性会产生显著的变化。四是神经过程转换的灵活性因素。五是人体关节的构造及其周围组织的大小。人体关节活动幅度的大小，与关节周围组织的体积，关节的解剖结构特点，髋关节的韧带、肌腔、肌肉与皮肤的伸展性等生理状况有关。六是心理紧张度。心理紧张度过强、过长都会使神经过程由兴奋转为抑制，严重影响各部位的协调能力，从而对柔韧性产生影响。

# 第二节　体能训练的心理学基础

体能训练的心理学基础研究，主要从心理学基本知识和体能训练的心理学基础进行深入分析。

## 一、心理学基本知识分析

在体能训练中时刻伴随着心理和情绪的体验，因此，在对体能训练的心理学基础进行分析前，先要分析心理学中的动机、心理过程等基本知识。

动机就是推动一个人进行活动的心理动因或内部动力，具有非常重要的作用和意义，是个体的内在过程，其行为则是这种内在过程的结果。动机的作用具体来说有：引起和发动个体活动；指引人选择活动的方向；维持、增加或制止、减弱某一活动。

动机的分类标准很多，以需要的性质为标准，可分为生物性动机和社会性动机；以兴趣特点为标准，分为直接动机和间接动机；以情感的体验为标准，可分为缺乏性动机和丰富性动机；以动机的来源来分分为内部动机和外部动机。

对训练者来说，训练动机对于参与体能训练的作用重大，一定要注意训练动机的培养与技法：满足人的各种需要，有效激发训练者的训练动机；正确运用奖励手段，使训练者能够积极、主动地培养训练动机；以各种差异性的情况为主要依据，有针对性地进行训练动机的激发和培养。

心理过程极其复杂而又时刻变化不定，具体可以分为认识过程、情感过程和意志过程。在体育训练中，必须发挥自己的主观能动作用，只有具有明确的目的性、行为的自觉性，坚定勇敢地克服困难，才能很好地学习掌握运动技能、强身健体，提高运动成绩。

个性心理是一个人在其心理活动中表现出的稳定的心理特点，包括能力、性格和气质。掌握运动技能，提高运动成绩的基础是能力；性格，是个人对现实的稳定的态度和习惯化的行为方式，是可变的，是培养人的一项重要任务；不同气质类型会有不同的行为表现。

总之，心理过程发生在每个具体的人身上。通过心理过程形成和表现人的个性心理。

## 二、体能训练的心理调节

### （一）心理调节的方法

在体能训练过程中可以适当地加以采用的常用心理调节方法有意念训练法和诱导训练法。

#### 1. 意念训练法

意念训练是运动员有意识地、积极地利用自己头脑中已形成的运动表象或想象进行的训练，对技战术训练有着明显的作用。意念训练进行时，可以在暗室间里，最好在一个舒适的地方坐着或躺着进行，训练者要高度集中注意力闭目训练，这样才能收到良好的效果，同时要积极主动地有意识地发展思维，与各种运动感觉结合起来。

#### 2. 诱导训练法

诱导训练法是训练者通过有效刺激物，如教练员、心理学专家等的诱导，顺利完成训练，建立良好的心理状态。诱导者也可以通过做示范、展示图片、放录像或电视进行诱导，由运动员接收信息并按要求实施。需要注意的是，在使用诱导训练法训练时，应采用运动员感兴趣的诱导手段。另外，诱导训练的安排要切实有效，切不可随意滥用，以防产生副作用。

### （二）克服心理现象的方法

#### 1. 心理紧张的克服方法

参加体能训练较少的人，在训练前往往产生一定的心理问题，而造成心理过分紧张的原因有很多，常用的克服方法有以下几种：一是表象放松法。训练者在头脑里想象置身于轻松、舒适的环境中，使身体能够放松。二是自我暗示放松法。由教练指导训练者放松身体各个肌肉群，经过几次指导之后，训练者能够达到自己独立完成的程度。三是阻断思维法。在训练者由于各种原因出现消极思维引起心理紧张时，用大吼一声或者大喊一声"停止"的方式，去阻断消极驱动力的意识流，以积极思维取而代之。四是音乐调节法。选听能使人兴奋、镇定的音乐，消除大脑中产生的紧张，帮助人集中注意力，进而调节情绪。

#### 2. 心理胆怯的克服方法

在训练中，训练者经常出现的一种心理胆怯的状态，会使大脑皮层的控制系统陷入混乱状态，打乱神经系统的控制，引起机能失调。一般情况下，要先找出使训练者胆怯的原因，才能对症下药，克服胆怯。而造成训练者胆怯的原因主要有以下几点：一是训练者不相信自己的力量，缺乏信心。二是训练者对练习结果计较得过多，压力过大。三是训练者对环境不适应，导致心理产生胆怯。

#### 3. 情绪消极的克服方法

情绪消极是训练者在激烈竞争的刺激下，出现心跳加快、呼吸困难、四肢无力等现象，并使其智能下降、知觉迟钝、行为刻板，对比赛失去信心。克服情绪消极的方法主要有以下几种：一是激励法。根据训练者的具体情况，进而激发训练者的士气，调节情绪。二是转移法。采用注意力转移的方法，使训练者的恐惧、不安和紧张的心理状态，趋向于平稳。三是升华法。在一定场合下训练者的某些"能量"释放得恰到好处，有可能在另一种场合下却会产生适得其反的现象。这时就可以通过升华法，使训练者提高认识，增加克制力，规范自己的行为。四是暗示法。训练者通过进行自我暗示，调节中枢神经系统，形成一系列反射活动，从而控制消极情绪。五是体验法。训练者通过参加训练去体验，提高训练者对恐惧、紧张的免疫力，控制消极情绪的产生。

### 4. 心理淡漠的克服方法

心理淡漠与训练者大脑皮层兴奋过程下降、抑制过程加强有关。训练者心理淡漠，表现为情绪低落、意志消沉、精神萎靡、体力下降，对训练缺乏信心，知觉、注意力强度减弱，反应迟钝，严重影响训练效果。克服心理淡漠的方法主要有以下几种：一是帮助训练者分析心理淡漠的情况，并且制定具体可行的措施，使之增强信心。二是帮助训练者端正对比赛的正确态度。三是防止过度训练，使训练者情绪高涨，以饱满的热情参加训练。

### 5. 注意分散的克服方法

造成注意分散有客观与主观两方面的原因。克服注意分散的方法主要有以下几种：一是训练者平时应加强培养集中注意的能力。二是培养训练者的强烈愿望和浓厚兴趣，使其在训练时能够高度集中注意力。三是训练者要在日常生活中，养成做事有头有尾、坚持到底的良好习惯。四是在训练时，引导训练者把注意力集中在训练的过程上，不要多想训练的结果。

# 第三节　体能训练的生物化学基础

本节通过三大功能系统间的关系、训练方法的生物化学基础来详细分析研究关于体能训练的生物化学基础。

## 一、三大供能系统之间的关系

在不同项目运动时，人体不可能由一个供能系统完成供能任务，需要两个甚至三个供能系统共同完成整个供能任务。而每个供能系统的特点和供能能力，分别在运动项目中起主要供能作用的决定性因素（表2-1）。

表2-1　三大功能系统的特点

| 供能系统名称 | 能源物质 | 输出功率 | 供能时间 |
|---|---|---|---|
| ① ATP-CP 系统 | ATP、CP | 最大 | 最大作为 6～8 秒 |
| ②糖酵解系统 | 肌糖原、血糖 | 约为①的 50% | 30～60 秒达最大，可维持 2～3 分钟 |
| ③有氧氧化系统 | 肌糖原、血糖 | 约为②的 50% | 1～2 小时 |
| | 脂肪 | 约为②的 20% | 理论上无限 |

综上所述，体能训练的效果达到最佳，必须充分、合理地利用好这三大供能系统，以取得最佳的训练意义。

## 二、训练方法的生物化学基础

不同运动项目的训练方法不同，而决定训练方法的生物化学指标也有一定的区别。下面介绍三种比较重要的生物化学指标。

一是运动能力的遗传性，如表2-2所示。人的运动能力主要是通过骨骼肌中 ATP、CP 含量，肌红蛋白的含量，血红蛋白含量以及最高血乳酸浓度等因素反映出来的。

表2-2　运动能力相关生化指标的遗传度

| 生化指标 | 遗传度 |
|---|---|
| 骨骼肌 ATP、CP 含量 | 60～89 |
| 骨骼肌细胞线粒体数目 | 70～92 |
| 肌红蛋白含量 | 60～85 |
| 血红蛋白含量 | 81～99 |
| 最大血乳酸浓度 | 60～81 |
| 血清睾酮 | 80 |

二是速度。磷酸原和糖酵解系统的供能能力决定着速度，只有通过训练使这两个供能系统发生适宜变化，并使人产生适应，才能达到提高供能能力的目的，从而才能够有效提高速度。

三是耐力。有氧氧化系统供能能力高，耐力就会好。因此，要想提高耐力，就应该选择时间较长、强度不太高的运动训练方法。

# 第四节　体能训练的营养学基础

体能训练的营养学基础，主要通过营养与营养素基本知识、不同项目体能训练的营养特点以及担待体能训练的营养需求来进行分析研究。

## 一、营养与营养素基本知识分析

营养素包括糖类、脂肪、蛋白质、维生素、矿物质和水，这些对训练者体能训练有着非常重要的作用。

糖类主要由碳、氢、氧成分构成，也常被称为碳水化合物，可将糖类分为包含半乳糖和葡萄糖的单糖和包含蔗糖、麦芽糖、乳糖的双糖，以及包含纤维素、淀粉、糖原、果胶的多糖三大类。通常情况下，糖类的摄入量能够占总热量的 $60\% \sim 65\%$ 即可。

糖类的营养功能：一是提供机体所需的能量，维持其正常的生理活动；二是用肝糖原储备的增加来加强肝对有毒物质的解毒作用，保护肝脏；三是促进蛋白质的有效吸收和利用；四是具有抗生酮作用，避免酸中毒的发生。

体能训练中最主要的能量来源就是糖类。糖类在很大程度上影响着人体的运动能力，主要表现在能量代谢中。通常情况下，糖原的储量越大，运动能力就会越强。

脂肪是保持健康体魄的必需物质。脂肪的营养功能主要有：为机体的正常生理活动提供所需的能量；维持体温，并对内脏器官产生良好的保护作用；提升食物的味道，并且增加保护感。

蛋白质按食物蛋白质的营养价值标准划分，可将蛋白质分为完全蛋白质、不完全蛋白质以及半完全蛋白质。蛋白质的营养功能主要有：构成和修补机体组织的重要物质，保证机体正常的生长发育；在糖类和脂肪提供的能量不能满足机体需要时，提供一定的热量；构成具有免疫作用的抗体，增强机体对细菌和病毒的抵抗力。

维生素是一类维持机体健康的必需营养素。目前大致有 14 种维生素，主要分为包括维生素 C 族、维生素 B 族的水溶性维生素以及包括维生素 A、D、E、K 等的脂溶性维生素。

维生素 A 主要有健齿、健骨、使皮肤光洁、帮助消化等作用，主要来源于动物的肝脏、深黄色或者深绿色的蔬菜、红黄色水果、蛋黄等。维生素 B 能够有效促进能量代谢及糖代谢生成 ATP，主要来源于米、面、核桃、花生、芝麻和豆类等粗糙的粮食。维生素 C 具有抗氧化，缓解疲劳、肌肉酸疼的作用，主要来源于水果、叶菜类、谷类等。维生素 D 有利于钙和磷的吸收、利用，且还有健齿和健骨的功能，主要来源于肝、乳、蛋黄等。维生素 E 具有抗氧化的功能，且能够提高最大吸氧量，主要来源于食物油、奶、蛋等。

## 二、体能训练的营养需求分析

生命活动离不开营养素，特别是青少年的生长发育和体育锻炼更需要科学、合理的营养保证。青少年的生长发育受遗传、环境和营养等多方面因素的影响。其中，营养是青少年生长发育的物质保证，合理的营养使青少年的身体和智力都能得到良好的发展。因此，其营养状况可以通过身高、体重等身体指标的增长率和身体的生理机能状态等进行判断。

青少年时期，后天的因素对机体的影响比任何时期都要大。例如，身高虽然主要由遗传因素决定，但后天因素影响约为 25%。在影响体质的后天因素中，运动和营养起着不可忽视的作用。青少年生长发育需要足够的能量，骨骼、肌肉和内脏等组织器官的生长，细胞的大量增殖主要是以蛋白质为原料，因此，蛋白质是生长发育的基础，若摄入量不足，会导致生长发育迟缓。人体所需蛋白质主要由食物供给，蛋类、牛奶、瘦肉、大豆和玉米等食物均含有丰富的蛋白质。钙、磷是组成骨骼和牙齿的重要成分，更是维持神经肌肉功能所必需的物质。青春期男生处在生长突增期，骨骼的快速生长、骨密度的迅速增加都比女生需要更多的钙和磷。铁是组成血红蛋白的必要成分，青少年对铁的需要量高于成人。微量元素虽然在体内含量极少，但在青少年的生长发育中起着极为重要的作用。

青少年在进行体能锻炼期间，饮食中脂肪的供给要适量，膳食中适宜的脂肪含量为 $25\% \sim 30\%$。糖是运动时的主要能量来源，青少年运动员补糖非常重要，在运动前补糖，使体内有充足的糖原储备；运动中补糖，可以提高血糖水平，延缓疲劳；运动后补糖，可使糖原尽快恢复到原有水平，且越早越好。

青少年在进行体能锻炼期间应保持蛋白质营养的"正平衡"状态，蛋白质供给量占每日总能量的 $15\% \sim 18\%$。力量锻炼需要更多的蛋白质供给，以有利于骨骼肌粗壮和肌肉力量的增强。微量元素对于青少年运动能力和健康的影响比成年人更为重要。由于青少年体温调节功能相对较差，夏季在出汗后容易中暑。所以，在运动中或运动后应适当饮一些淡盐水。参加系统体能锻炼的青少年更要保证膳食中维生素的供应，以有效促进能量物质的合成，提高人体的运动能力。

总之，青少年进行体能锻炼，若想获得好的效果，就必须合理安排膳食，在保证正常的生长发育和促进健康的基础上，根据锻炼的具体要求，适量额外补充营养素。青少年的合理膳食还要做到一日三餐营养的合理搭配。早餐要选择热能高的食物，以足够的热能保证上午的活动。午餐既要补充上午的能量消耗，又要为下午的消耗储备能量。饮食要多样化，荤素搭配，不仅可补充人体所需要的营养素，而且还可以促进食欲、增进机体对营养素的吸收和利用。

# 第三章　核心稳定性与核心力量的发展探索

核心稳定性与核心力量训练于 20 世纪 90 年代引入我国。在了解该理论以后，很多专家、学者、教练员便高度重视起来，开始进行大量研究，并逐渐将其运用到很多运动项目（如球类、田径等）的体能训练中，为提高运动员的运动成绩打下了坚实的基础。多年来的大量实践还证明，核心稳定性与核心力量训练对于以身体素质提升、加强肌体紧致为锻炼目的的一般人群也有积极的辅助作用。

## 第一节　核心的范围

从核心力量训练的发展历程来看，其起源于核心稳定性训练。欧美等国的运动康复领域于 20 世纪 80 年代，最先应用核心稳定性训练。该领域的专家、学者让某些下腰痛（LBP）病人进行核心稳定性训练，取得了非常好的治疗效果。后来，为快速提高运动员的运动成绩，竞技训练领域的专家在运动员的日常训练中引入核心稳定性训练，调整、改变了某些不合适的训练方式，在一定程度上满足了运动训练所要求的特点，逐渐建立起一套核心力量的训练方法与手段。

在内涵、应用领域，核心力量与核心稳定性都存在本质的不同。在康复领域，核心力量主要强调肌肉拉力的重要性，核心稳定性强调病人尤其是下腰痛病人所能完成的日常生活中的爬楼梯、行走等必要的活动；在运动训练领域，核心力量主要强调肌肉达到特定速度的能力以及产生爆发力的能力，核心稳定性主要强调运动的基础是人体的稳定状态，肌肉所产生的能量要达到最佳的支撑状况。因此，在开展核心训练前，必须清楚地知道训练的领域（康复领域或竞技运动领域），还要清楚是训练核心稳定性还是训练核心力量，这样才能取得较好的训练效果。

通常来说，人们主要从解剖学的角度来界定人体核心的范围。在国外，不同研究领域的学者所界定的核心解剖学是不尽相同的，运动训练领域的学者认为其核心是大腿上部至胸骨或肩关节的整个部分，然而有的学者从宏观解剖学角度将人体核心比喻为汽缸或帐篷，其上部是横膈膜（膈肌），下部是骨盆和髋关节，后部是背肌和臀大肌，前部是腹肌。因此，核心还没有一个明确的范围，要想准确界定核心部位，就应先考虑自己的研究领域，然后考虑所从事或研究的运动项目，最后给出明确的核心范围。

# 第二节 对核心肌肉的界定

要正确界定核心肌肉，就要在考虑身体表层大块肌肉群的前提下，对深层次的小肌群纳入考虑范围。表3-1为根据国内相关资料整理的国内研究人员所界定的核心肌肉。表3-2列出了国外研究人员所界定的核心肌肉。

表3-1 人体核心范围的肌肉（一）

| 肌群 | 核心部位的肌肉名称 |
|---|---|
| 盆带肌 | 髂肌，腰大肌，梨状肌，臀大肌，臀中肌，臀小肌，闭孔内肌，闭孔外肌 |
| 大腿肌 | 股直肌，缝匠肌，阔筋膜张肌，股二头肌（长头）半腱肌，半膜肌，耻骨肌，长收肌，短收肌，大收肌，股薄肌 |
| 背肌 | 回旋肌，多裂肌，棘间肌，横突间肌，背阔肌，下后踞肌，竖脊；肌（棘肌、最长肌、髂肋肌） |
| 腹肌 | 腹内斜肌，腹横肌，腰方肌，腹直肌，腹外斜肌 |
| 膈肌 | 膈肌 |

表 3-2　人体核心范围的肌肉（二）

| 肌群 | 核心部位的肌肉名称 |
|---|---|
| 腹肌 | 腹直肌，腹横肌，腹内斜肌，腹外斜肌 |
| 髋关节肌 | 髂腰肌，腹直肌，缝匠肌，阔筋膜张肌，耻骨肌，臀大肌，臀中肌，臀小肌，半腱肌，半膜肌，股二头肌，短收肌，长收肌，大收肌，双孖肌，闭孔内肌和闭孔外肌，股方肌，梨状肌 |
| 脊柱肌 | 竖脊肌，腰方肌，旁脊肌，斜方肌，腰大肌，多裂肌，腰髂肋肌，胸肌，旋肌，背阔肌，前锯肌 |

实际上，处于人体核心部位的骨主要包括股骨、髋骨、胸廓骨（包括胸骨和肋）、脊柱（包括颈椎、胸椎、腰椎、骶骨和尾骨）。一块尾骨、一块骶骨、两块髋骨以及连接它们的关节、韧带和软骨，共同构成了骨盆。因为这些骨正处于人体的中轴部位，在身体运动过程中起着稳固支撑的作用，所以，可以把附着在它们上面的肌群（包括起始点在这些骨上）都称为核心肌群。表 3-3 和图 3-1～图 3-5 给出了大体的核心肌群。

表 3-3　人体核心范围的肌肉

| 肌群 | 核心部位的肌肉名称 |
|---|---|
| 背肌 | 斜方肌，背阔肌，菱形肌，肩胛提肌，竖脊肌（髂肋肌、最长肌、棘肌），腰方肌，回旋肌，多裂肌，横突间肌，上下后锯肌 |
| 胸肌 | 胸大肌，胸小肌，前锯肌，锁骨下肌，肋间肌（肋间内肌、肋间外肌），胸横肌，膈肌 |
| 盆带肌 | 髂腰肌（腰大肌、髂肌），臀大肌，臀小肌，臀中肌，梨状肌，闭孔内肌，闭孔外肌，股方肌 |
| 大腿肌 | 缝匠肌，股四头肌（股直肌、股中肌、股内肌、股外肌），半腱肌，半膜肌，股二头肌，耻骨肌，短收肌，长收肌，大收肌，股薄肌，阔筋膜张肌 |
| 腹肌 | 腹直肌，腹外斜肌，腹内斜肌，腹横肌 |

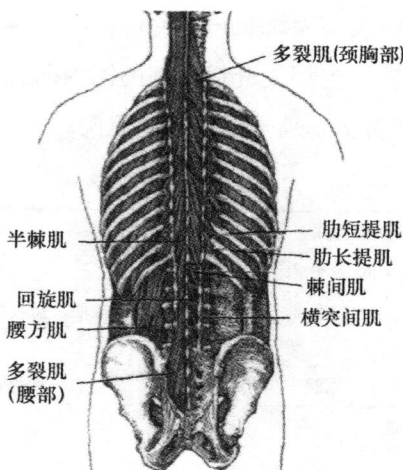

图 3-1　背部深层肌

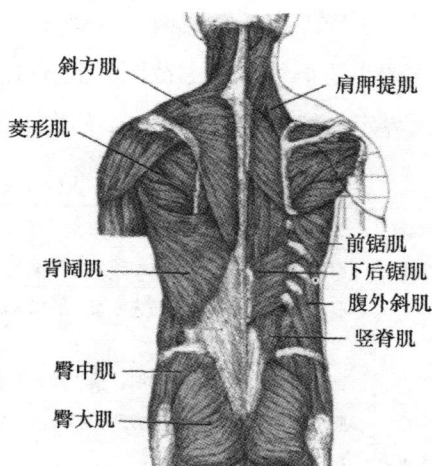

图 3-2　背部浅层肌

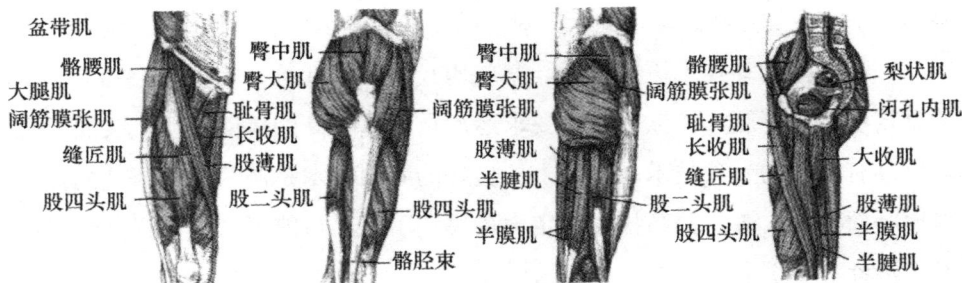

图 3-3　大腿及骨盆肌

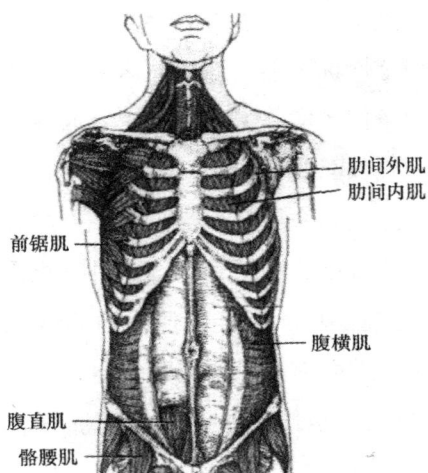

图 3-4　胸腹深层肌

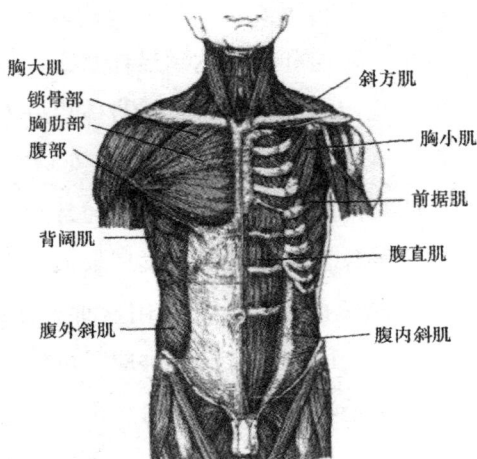

图 3-5　胸腹浅层肌

# 第三节　核心训练的作用

核心训练具有以下重要作用。

一是更好地向四肢传递核心部位的力量。人体的每个环节在运动时都是运动链中的一个环，它们能对能量与力的传输产生较大影响。尤其是有强大肌肉群的人体核心部位，在传输能量与力的链条中起到了核心作用。如果通过训练能增强核心力量，就能使四肢更好地协调运动，例如，下肢与上肢协调用力下完成的短跑运动，离不开对力的传输起到承上启下作用的核心部位。

二是支持运动技术更好发展。某些田径项目（标枪、跨栏等）和众多水上竞技项目（赛艇、游泳等）既要求运动员具有较高的体能素质，又要求运动员具有良好的专项技术。实际上，良好的专项技术是制约运动成绩的关键因素，而能否改善、提高核心稳定力量决定了运动员能否形成与提高专项技术，两者密切联系。

三是增强核心部位的稳定性。核心稳定性是指在运动中控制骨盆和躯干部位肌肉的稳定姿态，为上下肢运动创造支点，并协调上下肢用力，使力量的产生、传递和控制达到最佳状态。核心稳定性训练能增强人体运动时的控制力与稳定性，营造有利于身体更好发力的条件。实际上，核心力量的训练非常注重训练深层次小肌群，这对稳定核心骨能起到重要的意义。

四是预防运动中的损伤。通常来说，训练核心力量的初始阶段，人们普遍使用等长训练法。它是发展最大肌肉力量的常用方法，其优点是肌肉能够承受运动负荷量较大。使用这种方法练习，能够增大神经细胞对血管的压力，对肌肉的氧气与血液供应产生较大影响，进而提高肌肉无氧代谢能力，增生肌肉毛细血管，增加肌红蛋白含量等，而且能对肌膜的增厚、抗张强度的增强产生积极的影响。核心力量训练非常注重对深部小肌群的训练，这在一定程度上避免了传统训练因忽视对深部肌群力量的训练而容易受伤的缺陷。

# 第四章　核心力量训练的方法体系

关于核心力量训练的方法体系的研究，本章主要从发展力量的练习种类、力量训练的内容以及力量训练的负荷结构进行分析。

## 第一节　发展力量的练习种类

本节主要从力量的种类、人体肌肉力量的表现形式以及发展力量的练习种类进行研究。

### 一、力量的种类

专项的不同，对力量的要求也有所不同。从专门性的角度考虑，我们应该了解力量与速度和耐力的关系。力量可以划分为三种类型，它们分别是最大力量、弹性力量和力量耐力。弹性力量和力量耐力对所有的运动项目都很重要，而最大力量常常作为评价弹性力量和力最耐力中最大力量成分的手段。

#### （一）最大力量

最大力量是指神经肌肉系统所能够产生的最大的力。最大力量能够决定那些需要克服或控制较大阻力的运动项目的成绩。在这里"控制"较大阻力是指肌肉可能需要保持最大或接近最大的静力性（等长）收缩。同样，肌肉也可能被要求保持最大力量的快速收缩（如链球和铅球项目）或最大力量的耐力性收缩（如划船）。需要克服的阻力越小，最大力量参与越少。当使身体从静止状态开始加速（短跑）或推动身体离开地面（跳跃）时，人体需要克服较大的阻力。最大力量参与程度如图 4-1 所示。

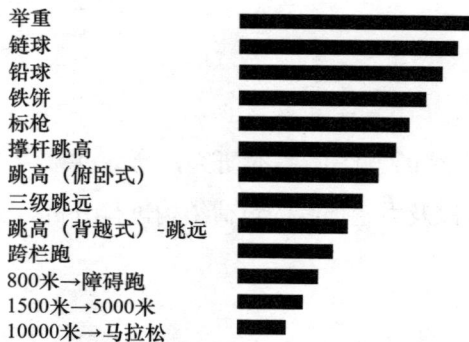

举重
链球
铅球
铁饼
标枪
撑杆跳高
跳高（俯卧式）
三级跳远
跳高（背越式）-跳远
跨栏跑
800米→障碍跑
1500米→5000米
10000米→马拉松

图 4-1　最大力量与田径运动各个项目的相关程度示意图

### （二）弹性力量

肌肉通过快速收缩来克服阻力的能力被称为弹性力量（爆发力、速度力量）。神经肌肉系统通过反射活动、肌肉弹性成分和收缩成分之间的协调，来接受和对抗外界施加的快速负荷。尽管在肌肉产生弹性力量的机制内，有收缩力量和收缩速度同时参与了进来，但是神经反射活动和肌肉弹性成分之间的复杂协调和共同参与，决定了它是一个最具有特殊性的力量领域。弹性力量对所有需要"爆发性"用力运动项目的成绩起着决定性的作用。

### （三）力量耐力

力量耐力是指有机体耐受疲劳的能力。过去的一些力量测试方法，如连续做俯卧撑的次数，实际上测试的是人体的力量耐力。一些需要在持续较长时间内克服阻力的运动项目的成绩主要决定于人体的力量耐力，如划船、游泳、越野滑雪。

### （四）绝对力量和相对力量

就绝对力量表现而言，体重较重的运动员一般要大于体重较轻的运动员。在不考虑运动员体重的情况下，运动员所能发出的最大力量被称为绝对力量。另一方面，运动员相对于体重而言能够发出的最大力量被称为相对力量。显然，对于那些需要移动身体体重的运动项目而言，相对力量是十分重要的，如跳远和体操等项目。用运动员的绝对力量除以运动员的体重，就能够得出运动员的相对力量。

体重为 60 千克的跳远运动员（男性）：坐姿蹬腿（膝关节 900）= 200 千克，则运动员相对力量 = 3.3 千克 / 千克体重。

投掷运动员更需要的是坐姿蹬腿绝对力量，跳跃运动员更需要的是坐姿蹬腿相对力量。

体重为 100 千克的铅球运动员（男性）：坐姿蹬腿（膝关节 900）=300 千克，则运动员相对力量 =3.0 千克 / 千克体重。

相对力量在发展肌肉的弹性力量中是至关重要的，在这个过程中不应当造成肌肉肥大和体重增加的负面结果。据布勒（Buhrle，1971）的研究结果，用最大力量 65% ～ 80% 的负荷，每组重复 6 ～ 10 次，进行 3 ～ 4 组或更多组的力量训练，产生肌肉肥大的效果最理想。而健美运动员则采用最大力量 60% ～ 65% 的负荷，每组重复 12 次，共进行 6 组的力量训练。但在田径运动员需增加相对力量时，建议避免采用这种训练方法。

### （五）其他力量参量

在发展力量方面，一些学术研究机构通过采用专门的标准，定义了一些更进一步的力量参量。如表 4-1 所示。根据运动员相对于这些参数的状态，能够为运动员考察训练计划内容的合理性、专项力量训练满足专项需要的程度，以及不同训练阶段的要求提供参考。

表 4-1　1983 年弗莱堡"力量研讨会"中提出的力量参数

| 参量 | 定义范围 |
|---|---|
| 绝对力量 | 通过对肌肉横断面采用电脑 X 射线断层摄影术和电刺激所测得的最大力量值 |
| 最大力量 | 肌肉最大随意收缩对抗离心负荷的值（最大等长收缩负荷的 150%） |
| 力量差 | 指力量和等长最大力量之间的差异（%） |
| 力量最大值 | 人体能够举起的最大负荷重量 |
| 爆发力 | 单位时间内力量增加的最大速率（等长收缩 / 动力性收缩） |
| 初始力量 | 在肌肉开始收缩后 30 毫秒即刻，肌肉产生的力量值 |

### （六）外部阻力和运动员表现力量的能力

在人体的所有身体活动中，运动员通过对抗外力（或阻力）来表现力量。阻力的形式可能包括重力、投掷器械、空气、水、运动员自身的体重、冲力等。相对于外界施加的阻力而言，有时运动员的发挥力量的能力又被称为内力。由于内力和外力决定了不同类型的肌肉活动，所以了解它们二者之间的关系是十分常重要的。这些肌肉活动的类型能够在各个单项运动技术的组成部分中表现出来。

### （七）静力性（或等长）肌肉收缩

单脚的平衡站立、人体维持直立姿势、对抗掷链球旋转时所产生的离心力、跳远起跳时保持肩和髋关节在垂直线上的姿势等，都是人体静力收缩的例子。当肌肉进行静力性收缩时，运动员所产生的力与阻力相等。也就是说，阻力越大，要求运动员在特定关节上维持杠杆平衡的力就越大。这意味着运动员有足够的储备力量来对抗阻力，反之，也说明了运动员在特定关节上用力时会出现一个最大值，当阻力超过肌肉的最大等长收缩力量时，肌肉就不能够再保持等长收缩，而变成了离心收缩。

肌肉能够表现等长收缩力量的范围是很大的。然而对于在技术性项目中成功表现成绩而言，需要单独的神经肌肉调节，来使人体杠杆保持特定的位置和平衡状态。因此，训练就需要包括提高人体专门性等长力量效率的内容。

### （八）动力性肌肉收缩

肌肉动力性收缩又被分为向心收缩和离心收缩两种。

#### 1. 向心收缩

在向心收缩中，运动员所发出的力大于阻力，引起肌肉的长度缩短，使肌肉两端连接的骨骼杠杆互相接近。通过肌肉向心收缩的阻力训练可以发展单独一块肌肉或整个肌群的力量。例如，做肱二头肌向心收缩的屈肘练习，能够发展肘关节屈肌的力量。在运动中向心收缩的肌肉活动形式非常多，但是，肌肉向心收缩能够产生较大的力量并不一定能够使运动成绩提高。还必须考虑到各个关节活动之间的协调配合。

#### 2. 离心收缩

肌肉离心收缩将发生在两种完全不同的情况下。首先阻力可能小于运动员所能产生的最大力量。为了提高运动员这种形式的肌肉收缩力量，催生了一些新的训练方法，如十项跳跃、恩迪曼的投掷运动员穿负重背心的跳箱跳深练习。

第二种情况是，当施加的阻力大于运动员的最大等长力量时，运动员只能被动退让地对抗阻力的作用。因为在这种动作中，负荷在全部动作范围内都发挥着最大效果，肌肉收缩状态或性质保持恒定，我们称为等张收缩。从技术上说，我们仅用这一种方式来描述运动中所有的肌肉活动是不完全正确的。20世纪60年代后期发明的"等动"练习器，比当时其他的训练方法能够使肌肉在收缩时更为接近运动时肌肉真实的等张收缩状态。虽然在实际练习中这种类型负荷的应用并不普遍，但是研究显示它能够提高肌肉最大力量。

### （九）相对于动作的力量

肱二头肌向心收缩的屈肘练习（图4-2），从A点开始就需要施加X单位的力量，在 B 点时由于阻力的增加（如图所示由于阻力臂的长度增加），所以需要施加更多的力量单位来维持关节的活动。当运动到 C 点时，力臂的长度减小，同样阻力也随之减小。这时如果施加同样数量的力量单位，关节的运动速度将会加快。

这些关节运动中不同角度的动力变化表明，一旦克服了关节运动开始时的惯性，在关节其他运动范围内的阻力值对于发展肌肉力量的效果将会下降。可以采用关节运动范围内不同点的动力变化情况进行评估（图 4-3）。

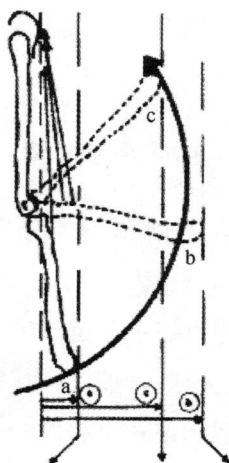

| 阻力 | 阻力 | 阻力 |
|---|---|---|
| =负荷×(a) | =负荷×(c) | =负荷×(b) |

**图 4-2　肘关节弯曲运动范围中不同点的阻力变化示意图**

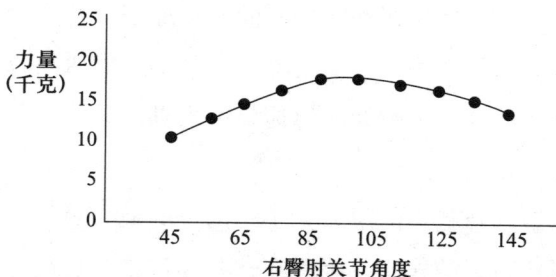

**图 4-3　右臂肘关节弯曲时不同关节角度的动力示意图（年龄 13 岁的在校女生）**

## （十）程序性肌肉活动

程序性肌肉活动是与特定运动技术有关的特定神经肌肉活动方式。它包括不同关节复杂的程序化动力和静力性运动方式、控制肌肉的收缩来对抗肌肉的放松状态的方式，以及由人体整体运动的绝对速度与不同关节之间同步运动的相对速度所构成的专门动作速度等复杂因素的程序化过程。所以，力量训练，只有经过专门练习比赛专项练习的连续疏导和结合，才能提高运动技术水平。

## 二、人体肌肉力量的表现形式

根据运动员相对于项目的要求所能达到的水平、能够用于训练的时间，以及训练环境条件等因素，运动员在发展符合专项要求的专门力量时都有其一般力量和专门力量训练手段的独特组合（图 4-4）。

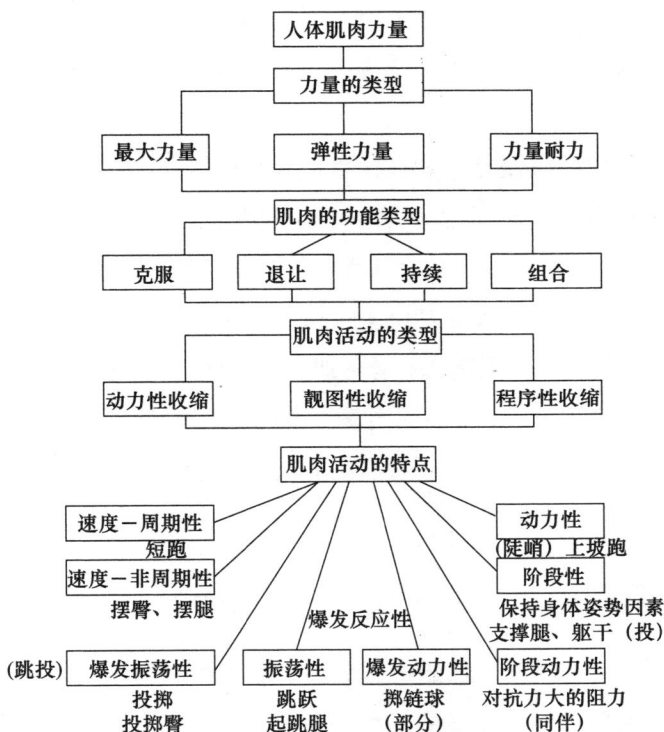

图 4-4　人体肌肉力量的各种表现形式

## 三、发展力量的练习种类

发展人体的力量能力必须遵循三个训练原则——专门化、超负荷、可逆性。力量训练必须与专项技术相辅相成。我们可以从其他运动项目中学习，但是对于一个项目有价值的内容不一定适用于另外一个项目。最大力量在所有的运动项目中都占有一定的地位，但是对于每一个项目来说又是非常专门化的。当考虑采用举重技术时，一定要记住与本项目的特定运动方式结合起来进行。在每个运动项目的技术训练时，都应当选择专门的练习方法来发展相关的力量。在这些练习中，大致可分为一般、专门和比赛专项练习三大类。

## （一）一般练习

一般练习与运动技术动作和力量发展的相关性不大，但是它们对于准备期的训练，以及对于年轻运动员训练的重要性远远超过成年人。它们主要被用于：

提供高水平的积极恢复，如在比赛期采用较轻负荷、全面的、一般练习符合人体的生理需求。保证运动员的均衡发展过程，如一般的身体训练循环练习，在训练过程中包含这样的训练课能够减少劳损性运动伤害。

在广泛的一般力量训练的基础上来进行高水平的专门力量训练，如运动员的背肌力量不足可能会限制髋和膝伸肌负荷量的提高，所以必须练习背肌。

发展与运动项目广泛相关的肌肉最大力量。如跳跃运动员采用的杠铃"高翻"训练，能够使跳跃项目中所参与的肌肉得到发展，但是并不具有跳跃项目的时间、力量等技术特征。

## （二）专门练习

专门练习包括运动技术的组成部分，应该根据项目所要求的力量类型来安排和发展。如掷铁饼运动员的一般练习可以采用卧推、哑铃"飞鸟"，而专门练习则采用跪姿爆发式伸髋侧抛实心球等。在运动员的训练过程中选择种类繁多的专门练习是极其重要的。从技术上而言，通过较为复杂的描记运动时肌电图的方法，并结合练习方法和专门技术的关系，来决定选择最适合于运动项目的专门练习方法，可能会取得令人满意的结果

## （三）比赛专项练习

发展力量的练习实际上也是完整技术练习，在动作中可以人为地增加阻

力。例如，投掷超过正常重量的链球、穿着沙衣跳跃、拖重物短跑、踩关节负重跑等，从而使人体建立并适应新的动作协调和相对速度模式。如果施加的阻力造成了额外的人体补偿性动作，那么正确的动作模式将会受到破坏。因此，运动员在进行比赛专门练习时，应该采用多样化的阻力练习，以避免形成错误的动作模式。

# 第二节　力量训练的内容

力量训练主要用于发展肌肉的静力性力量、动力性力量、最大力量、弹性力量和力量耐力。

## 一、发展肌肉静力性力量

力量训练方法的类型应该与特定运动技术中相应的肌肉收缩类型相一致。采用静力性或等长的训练方法能够发展肌肉力性或等长收缩能力，如表4-2所示。

表4-2　肌肉等长收缩和向心收缩训练的比较

|  | 静力性力量的增长 | 动力性力量的增长 |
| --- | --- | --- |
| 等长收缩训练 | 15.1% | 11.5% |
| 向心收缩训练 | 9.2% | 18.1% |

在这些练习中，全部或部分技术动作是以肌肉等长收缩的形式承担负荷的。功能性等长练习也能够在这个水平上取得良好效果。在这些等长收缩练习的执行过程中，运动技术动作范围内的各点上都有肌肉的等长收缩参与，这种理论认为在全部动作范围内加强力量的效果是通过"扩散"取得的。然而，赫汀格和穆勒（Hettinger，Muller，1953）对等长训练方法的进一步研究表明，等长练习在运动中的应用有其局限性。

## 二、发展肌肉动力性力量

动力性练习是发展力量最常用的方法。负荷强度、量或密度的变化，决定了发展肌肉的最大力量、弹性力量和力量耐力的相对效果。即使运动的绝对速度减小，运动时特定技术动作中关节活动相对速度的变化，也应该尽可能接近原来的运动技术模式。因此，在发展跨栏起跨腿有效地折叠动作或掷铁饼投掷臂的动作时，应避免使用弹性阻力。因为当充当弹性阻力的橡皮筋拉伸时阻力增加，从而使关节杠杆活动的速度降低。而通过对牵引滑轮组的阻力，或投掷增加重量的铁饼，将会使人体运动加速度降低的程度更接近于项目本身的速度变化方式。

### （一）通过肌肉的离心收缩来发展力量

当运动员机体系统长期受到超负荷阻力的刺激，将会使最大力量显著提高（冈德拉施 Gundlach，1968）。通过这种方法，运动员三种类型的肌肉力量将会得到提高。当运动员所受到的阻力小于自身的最大力量，并采用在离心收缩之后紧接着进行肌肉向心收缩的练习技术时，力量能够得到很大程度的提高。

### （二）通过肌肉的振荡性收缩来发展力量

肌肉振荡性收缩是指肌肉活动在向心收缩和离心收缩之间迅速转换的练习方式。源自美国的"肌肉超等长收缩"训练，就包括这种肌肉振荡性收缩训练的方法。尽管这种方法与专门练习的联系日益紧密，但目前它已经在一般练习训练计划中的比重有所增加。

沃可尚斯基（Verhoshansky，1971）首先介绍了跳深在力量训练中的系统步骤，他重点强调的是"一般训练"，而不是能够更加有效提高最大力量计划中的"专门训练"手段。他的这些练习以人体冲力施加给下肢的动力性负荷为基础。库涅索夫（Kusnetsov）接着展开了进一步的研究，他尝试让运动员在松软的斜坡上先接住飞来的重物然后马上掷出，以便使上肢承担负荷的肌肉用力形式更接近于振荡性收缩。然后他又采用了器械训练，如钟摆，运动员随飞向墙壁的钟摆器械一起摆动，并强迫性用手或脚去推开或踢离墙壁。通过使用这种训练技术，对人体提供了以前不可能采用的新负荷水平。他假设如果器械能够迫使运动员通过调动人体弹性和反射性机制，产生更快的发力速度，迫使人体的潜能突破到一个新的境界。

## 三、发展肌肉最大力量

发展肌肉最大力量的适宜刺激与下列因素有关。

与运动员产生最大力量有关的刺激强度。这里是指所能筹集到的最大数量的可利用运动单位。在能够达到特定练习的最大负荷或100%的强度刺激下．运动员只能够进行一次练习。

运动员的发育还不成熟，肌肉、骨骼、关节等系统还不完全稳定。当运动员在最大负荷下完成练习时，这可能会阻碍运动员肌肉和骨骼连接组织的发育，并影响关节系统的整体性。随着人体的生长发育，运动员大肌肉群收缩潜力的增长将和骨骼、关节以及韧带和骨骼结合点的发育变得不一致，这会给运动员的腰椎和骨骼关节部位带来危险。

运动员在完成练习时，运动技术不稳定。运动员必须重复一些较轻负荷的练习，以使运动技术稳定下来，同时也能够避免伤病的发生。然而，在训练单元里较轻负荷的重复练习应该达到使运动员产生疲劳的程度，如果负荷再增加，并达到最大值，这将会产生一些相应的问题。运动员最大力量的发展与运动技术不具有相关性。训练课中，采用若干组数的练习，每组能够完成 1 ～ 5 次的重复次数的强度，对于发展人体最大力最能够产生最佳的效果，各组练习间保证 5 分钟以上的间歇恢复时间能够避免疲劳的积累。

在使用等长收缩训练方法时，负荷须根据情况有所变化。对抗 80% ～ 100% 的最大强度、保持 9 ～ 12 秒的静力性练习适用于高水平的运动员。而对抗 60% ～ 80% 的最大强度、保持 6 ～ 9 秒的静力性练习适用于训练年限较短的运动员。对于年轻运动员来说，采用这种训练方法进行多种练习，能够为运动员一般力量的发展奠定一个良好的基础。

超过最大等长收缩力量的离心收缩负荷练习，也能够发展运动员肌肉的最大向心收缩力量。但是采用何种专门强度的负荷还没有正式的研究结果出现。就个人试验结果而言，在特定的运动范围内，离心负荷的强度应该为肌肉最大向心收缩的 105% ～ 175%。

虽然使用等动练习器可能会影响肌肉的自然加速和减速状态，但它能够保证肌肉产生时间最长强度的收缩。另外，由于运动技术的专门要求中很少强调肌肉的加速和减速状态，所以这种训练方法具有相当多的优点。在人体几种力量发展系统中，都关注合理使用多种力量训练刺激的方法。这些训练手段体现在训练计划中，可分为在"训练单元之间混合"和在"训练单元之内混合"两种方式。另外，为了使最大力量具有较快的加速水平，也可以采用将传统的负重负荷与弹性（或肌肉超等长收缩）负荷相结合的混合训练方法。通过肌肉电刺激的方法来发展力量是更进一步的选择，但在运用肌肉电刺激的方法来发展肌肉弹性专门力量时，会有更多的选择变化。我们所要指出的是，在一个力量训练单元中存在最佳的训练刺激频率，并且在发展最大力量时两个训练单元之间有一个恢复的最佳间隔时间。人体自然恢复的间隔时间通常在 36 小时～ 48 小时之间。

## 四、发展肌肉弹性力量

通过肌肉最大力量和（或）肌肉协调收缩速度的提高，能够发展肌肉的弹性力量。当运动员承受较重的负荷时，参与专门练习的肌肉力量和收缩速度将会得到发展。但是，如果与运动技术有关的肌群所承受的负荷过小，那么运动员参与运动的肌肉收缩速度就不会得到明显的提高。另一方面，如果运动员所承受的负荷在一个特定的 5% ～ 20% 的较轻范围，对抗负荷的动作速度将会得到提高。如果负荷超出这个范围，人体的补偿运动将会干扰技术的准确性，进而影响到动作程序。这是因为它改变了练习强度和动作速度，所以必须取得二者结合的最佳化。因此我们建议，如果肌肉弹性力量要得到发展，在一个训练小周期中必须使用最大力量练习和轻负荷的专门练习。而且，在最大力量的训练单元里，较低强度的负荷也应该作为训练的一部分。在一些训练实验中，先进行几个月的最大力量训练，再接着执行速度训练计划。结果表明，这种按顺序把最大力量训练和速度训练前后分开的训练方法，对于肌肉弹性力从的发展效果要远远小于两者平行推进、共同发展的训练方法。

在训练单元里，采用的刺激强度一般为最大负荷的 75% 左右、4～6 组、每组 6～10 次重复。在用最大力量完成练习时，组间的休息间隔在 5 分钟之内。海尔（Harre，1973）及其同事认为，使用这种训练模式，能够使最大力量和弹性力量同时得到提高。同时海尔（Harre，1973）建议，如果在训练单元中有最大力量的练习，应该采用最大负荷的 30%～50% 强度的弹性力量练习作为补充。在发展肌肉弹性力最时应避免采用传统的负重练习，而应当采用与专门运动技术有关的专门练习。在采用负重沙衣、体操设备等这种类型的练习中，可以进行 1.5～2 小时的集中练习，但在此期间要求运动员不可感觉到疲劳的限制。运动员必须把注意力集中在专门运动中的爆发性用力上。

## 五、发展肌肉力量耐力

如果一个运动员在一次练习中的最大力量为 200 千克，很显然，他在重复进行 50 千克的练习时比最大力量为 100 千克的运动员要轻松得多。同样，如果两个运动员的最大力量都是 200 千克，有氧运输系统较为发达的运动员重复 50 千克练习的次数要多于有氧运动系统水平较差的运动员。然而，这"两极"之间的确切关系和力量耐力特点还不太清楚。力量耐力训练的基础在于，运动员能够对抗比运动项目中正常阻力大得多的负荷，并重复尽可能多的练习次数的能力。而且，根据萨基奥斯基（Saziorski，1971）的研究表明，如果运动中对力量的要求小于最大力量的 30%，则最大力量就不再起到决定性的作用。

在专门比赛期采用多样化的专项比赛和专门阻力练习非常关键。运动员可以在雪地、沙地、上坡、耕过的土地、海浪、拖拉雪橇等条件下进行跑的练习，而划船运动员可以进行拖重物的划船练习，游泳运动员可以进行类似的对抗阻力的游泳练习。

# 第三节　力量训练的负荷结构

本节主要讲述力量训练的负荷结构和评价力量的测试方法。

## 一、力量训练的负荷结构

本小点主要讲述力量训练负荷结构的相关内容。

### （一）发展力量的小周期结构

在训练小周期计划的设计时，必须在训练的主要准备阶段中加入发展一般力量和专项力量的综合内容。一般力量的发展，应该集中在相对于最大力量耐力所表现力量的平衡提高，或项目所要求的弹性力量发展上。而专门力量的发展，应该集中在项目及其运动技术所要求的专门关节活动和肌肉动力结构上。例如，一个高水平短跑运动员的周训练计划如下：

星期一，一般力量：负重（3～5）×5%×85%。星期二，专门力量。星期三，一般力量：负重（3～5）×10%×65%。星期四，专门力量。星期五，一般力量：负重（3～5）×5%×85%；星期六，专门力量。星期天，休息。

而专门力量的训练计划集中在如下练习手段上：起跑力量，如拖重物跑；击地力量，如快速跨步跳；趾摆力量，如高抬腿跑；操臂力量，如速度球练习。

最大力量取决于肌肉横断面积（6～10次重复）、肌肉内部的协调（1～3次重复）、肌肉之间的协调（技术和成绩水平）。关于发展最大力量的负荷结构，在负荷强度和重复次数的控制方面，可以参考采用金字塔式结构（图4-5）。

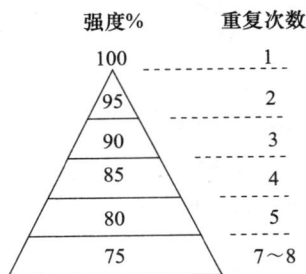

图 4-5　关于负荷强度和重复次数的金字塔式结构

## （二）力量训练的负荷结构

运动员的力量训练必须根据专项训练目标的需要，有针对性地采用与之相对应的各种负荷结构（表4-3）。

表 4-3　力量训练及其负荷结构

| 目标 | 训练负荷强度 | 每组重复次数课的组数 | 训练体系 | 组间间歇 | 等长收缩时间 | 评价方法 | 有关项目 |
|---|---|---|---|---|---|---|---|
| 发展要求一次最大用力项目的最大力量 | 向收收缩 80%～100% 离心收缩 105%～175% | 1～5 | 单组 多组 递增组 金字塔式 混合组 | 4～5分钟 | 12秒 | 最大举起重量动力计 | 如举重，铅球，铁饼，链球，标枪 |
| 发展要求多次最大用力项目的最大力量 | 70%～85% | 5～10 | 单组 多组 金字塔式 | 2～4分钟 | | 最大举起重量动力计 | 如标枪，跳远跳高，短跑，跨栏跑 |

续表

| 目标 | 训练负荷强度 | 每组重复次数课的组数 | 训练体系 | 组间间歇 | 等长收缩时间 | 评价方法 | 有关项目 |
|---|---|---|---|---|---|---|---|
| 发展在其他运动单元训练最大力量的弹性力量 | 30%～50% | 6～10 | 单组多组金字塔式 | 3～5分钟 | | 立定跳远，垂直上跳等 | 所有需要爆发力的项目 |
| 最大力量和弹性力量同时发展 | 30%～50% | 6～10 | 单组多组 | 3～5分钟 | | 立定跳远，垂直上跳等 | 所有需要爆发力的项目 |
| 发展适用于所有项目的基础力量或力量耐力 | 30%～40% | 6～10 | 单组循环练习 | 3～5分钟 | | | 适用于所有项目 |
| 发展对耐力要求很高的那些项目的力量耐力 | 40%～60% | 3～5 | 循环练习 | 30～45秒 | | | 如划船、摔跤、游泳、冰球等 |

## 二、评价力量的测试方法

在选择评价力量的测试方法时，必须考虑所测试内容的专门化程度。如果测试的是肌肉的离心、向心或等长收缩力量，那么有关的测试步骤中就必须包括这些方式的肌肉活动。另外，如果测试的是肌肉的最大力量、弹性力量或力量耐力，那么测试的方法就必须根据这些肌肉活动的方式来设计。测试的方法步骤必须具备有效性、可靠性和客观性。而且，在特定的运动技术中，测试的结果必须依照成绩水平或测试方法要求其有效度。见表4-4。

**表 4-4 评价力量特征的方法**

| 力量特征 | 静力性测试 | 动力性测试 |
|---|---|---|
| 最大力量 | 动力计 | 特定的练习中所能举起的最大负荷 |
| | 张力计 | 海尔提出运动员进行深蹲练习的杠铃重量上再加上人体重的75%的重量，也能站立撑起体重 |
| 弹性力量 | | 立定跳远、垂直上跳、从一固定高度上跳下接垂直上跳、固定距离的计时多级跳、10～20米以上的蹲踞式起跑 |
| 力量耐力 | 维持特定姿势的时间 | 在一定时间内，重复特定练习的最多次数、在特定路线上的计抗阻力跑等 |

这说明，在训练实践中对运动员的专门力量进行监控已经成为常见的做法。这些专门设计的监控手段用来监测运动员年度训练特定阶段中某种类型力量的提高情况，以及运动员创造最好成绩时某种类型力量的准备状态。

# 第五章　核心力量的训练方法

开展核心力量的训练，需要注意以下几点：结合专项的特点进行训练；训练过程中要时刻集中精神；呼吸方法要正确；既要全面训练又要有侧重地训练；练习前后肌肉要松紧有度；训练动作必须符合技术规格；要循序渐进地增加训练负荷；训练计划要科学合理；要偏重摆动的动力性练习。另外，只有掌握恰当的训练方法，才能科学有效地提高核心力量。

## 第一节　躯干力量训练方法

躯干力量的训练，需要根据自己的专项、训练阶段、实际情况，选择适合的训练方法。

### 一、杠铃练习

杠铃是举重所用器材，也是一种核心力量训练器材，可训练肌肉力量，见图 5-1。杠铃主要有两种类型，见表 5-1。

图 5-1　杠铃

表 5-1　杠铃的类型

| 类型 | 简介 |
| --- | --- |
| 标准杠铃 | 由杠铃杆（横杠）、杠铃片和卡箍三部分组成。举重的国际比赛必须使用经国际举联认可的国际标准杠铃，有男子杠铃和女子杠铃两种，区别主要在杠铃杆上，杠铃片是相同标准的 |
| 非标准杠铃 | 结构同于标准杠铃，尺寸要求并不严格，制作要求不高，重量可以自由规定。为达到某些特殊要求，如需发展某局部的肌肉，可按需要制作各种形态的特种杠铃，如屈轴杠铃、弓形杠铃和环形杠铃等 |

## （一）负重体侧屈

### 1. 训练目的

负重体侧屈的训练目的是发展躯干两侧肌群力量。

### 2. 训练方法

（1）直立身体，两脚以约一肩半宽的距离左右开立。

（2）肩膀支撑轻杠铃，微微向上抬头。

（3）上体尽最大可能向身体一边侧屈，然后尽最大可能向另一边侧屈，重复练习。

示意图见图 5-2。

### 3. 注意事项

（1）膝关节保持伸直，只在腰部完成屈伸。

（2）上体向左边侧屈时呼气，向右边侧屈时吸气。

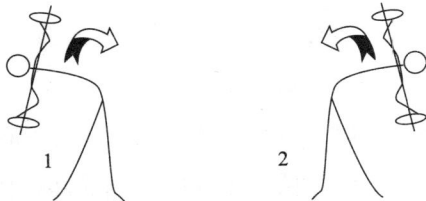

图 5-2　负重体侧屈

## （二）负重体前屈

### 1. 训练目的

负重体前屈的训练目的是发展背部肌群力量。

### 2. 训练方法

（1）直立身体，两脚以约一肩半宽的距离左右开立。

（2）肩膀支撑轻杠铃，微微向上抬头。

（3）身体前屈至平行于地面，伸髋部和背部，然后恢复直立，反复练习。

示意图见图 5-3。

**图 5-3 负重体前屈**

### 3. 注意事项

（1）练习时背、膝关节保持伸直。

（2）躯干前屈时呼气，上伸时吸气。

## （三）硬拉

### 1. 训练目的

硬拉的训练目的是发展腰部、背部肌群和躯干斜肌力量。

### 2. 训练方法

（1）直立身体，两脚以约一肩半宽的距离左右开立。

（2）两手于大腿两侧前部握住杠铃，微微向上抬头。

（3）前屈身体，等到杠铃与地面接触后直立身体，稍作停顿再次前屈身体，反复练习。

示意图见图 5-4。

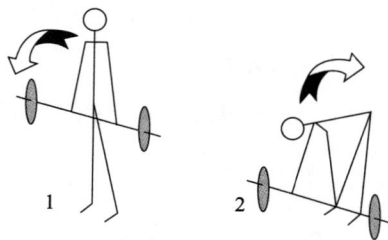

**图 5-4 硬拉**

### 3. 注意事项

（1）两臂保持伸直。

（2）膝关节保持伸直状态。

（3）通过背部肌肉发力。

（4）躯干前屈时呼气，上伸时吸气。

## 二、实心球与瑞士球练习

实心球呈球形，是体育器材之一，实心材质，见图 5-5。瑞士球又叫健身球，材质主要为乙烯基，充满空气，直径为 0.6 ～ 1 m，见图 5-6。

图 5-5　实心球

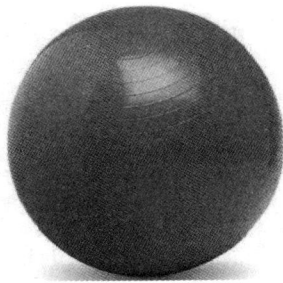

图 5-6 瑞士球

### （一）两脚抵墙体侧起

**1. 训练目的**

两脚抵墙体侧起训练目的是发展躯干两侧肌群力量。

**2. 训练方法**

（1）在墙壁前约 1 m 处放瑞士球。

（2）身体侧卧在球上，主要用一侧髋部支撑。

（3）上部腿在后方，下部腿在前方。

（4）用墙根和地面固定两脚，脚底部贴地面前后分开。

（5）两臂胸前交叉抱脚或持实心球，反复侧向抬起躯干。

示意图见图 5-7。

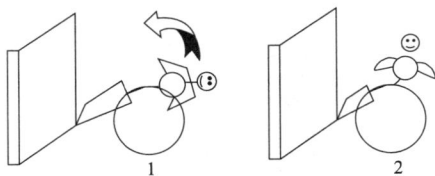

图 5-7　两脚抵墙体侧起

### 3. 注意事项

（1）躯干侧卧时应充分伸展，全部贴在瑞士球上。

（2）在两腿、骨盆、躯干充分稳定后再练习。

（3）动作时保持颈部正直。

（4）动作结束时保持头部正直。

## （二）举腿

### 1. 训练目的

举腿的训练目的是发展腹部与骨盆肌群的爆发力、力量。

### 2. 训练方法

（1）在能固定两手的横杠（杠铃杆或肋木等）的前面放瑞士球。

（2）腰背部支撑身体。

（3）两手握住横杠，在球上仰卧并提起两膝。

（4）慢慢将骨盆提起，向胸部方向拉引两膝。

（5）当大腿垂直于地面时慢慢展体，恢复初始姿势，然后上举骨盆与下肢，重复练习。

示意图见图 5-8。

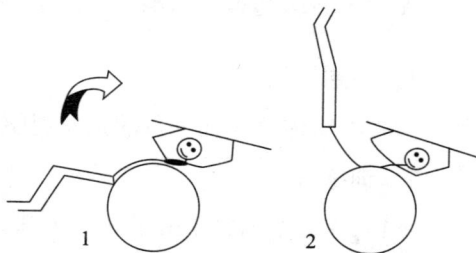

图 5-8 举腿

### 3. 注意事项

（1）练习时必须有同伴保护。

（2）利用球面支撑腰部。

（3）下肢与骨盆到达最高点时，应保持 2～3 s。

## （三）斜板滚球

### 1. 训练目的

斜板滚球的训练目的是发展肩部、背部、腹部的肌群力量。

## 2．训练方法

（1）倾斜宽长凳，约与地面成30°。

（2）在长凳低端一侧面向长凳站立，在长凳上放球并用两手扶住。

（3）膝部弯曲，双脚支撑，前倒身体，沿长凳向斜上方滚球。

（4）球到板凳顶部时滚回，重复练习。

示意图见图5-9。

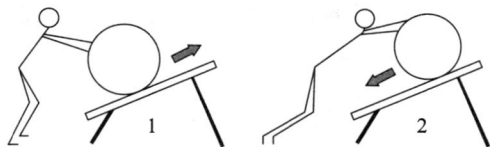

图 5-9　斜板滚球

## 3．注意事项

主要通过腹部肌肉力量滚球。

## （四）仰卧起坐

### 1．训练目的

仰卧起坐的训练目的是发展腹部肌群力量。

### 2．训练方法

如图5-10所示，仰卧在瑞士球上，同时两脚支撑在地面上，然后连续练习仰卧起坐。

图 5-10　瑞士球上的仰卧起坐

### 3．注意事项

（1）仰卧时背部全部贴在瑞士球上。

（2）练习时，不要收紧下颌。

（3）练习时，颈部保持正直。

（4）可以扭转躯干或手持重物进行练习，以加大训练难度。

（5）动作结束时，躯干与水平面约呈 45°。

## （五）仰卧膝夹球转髋

### 1. 训练目的

仰卧膝夹球转髋的训练目的是发展转体和转位肌肉群以及腿部内收肌肉群的力量。

### 2. 训练方法

（1）仰卧于地面之上。

（2）两臂向两侧伸展。

（3）大、小腿以 90° 夹住实心球。

（4）向身体两侧反复转动。

示意图见图 5-11。

图 5-11　仰卧膝夹球转髋

### 3. 注意事项

（1）背、肩必须贴在地面上。

（2）初期动作不宜过快。

## （六）仰卧两腿提球

### 1. 训练目的

仰卧两腿提球的训练目的是发展下腹部肌群力量。

### 2. 训练方法

（1）仰卧于地面之上，在双脚之间系一条带子，将两腿放在实心球上固定好。

（2）两手掌心向下，两臂伸展贴于地面。

（3）向脚部拉引两膝，大腿与地面的夹角略大于 90°后放下两膝，返回初始姿势，重复练习。

（4）随着力量的加强，可以换实心球进行练习。

示意图见图 5-12。

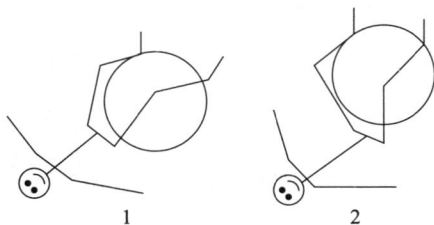

图 5-12　仰卧两腿提球

### 3. 注意事项

在练习过程中，眼部不可离开地面。

## （七）俯卧伸背

### 1. 训练目的

俯卧伸背的训练目的是发展背部、臀部和大腿后部肌群力量。

### 2. 训练方法

（1）把瑞士球放在宽长凳上。

（2）俯卧于瑞士球上。

（3）头和颈保持自然姿势。

（4）两脚离地，两手握住长凳两侧。

（5）通过臀部肌群发力，两腿提起至与肩、髋与膝同一高度，反复练习。

示意图见图 5-13。

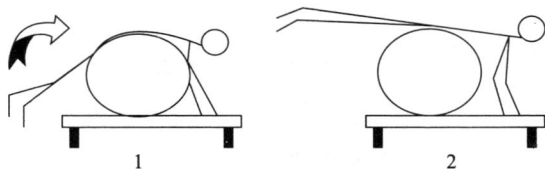

图 5-13　俯卧伸背

### 3. 注意事项

（1）在伸展膝、髋关节前挤压球。

（2）将背部和下肢作为一个整体进行练习。

### 三、辅助练习

这里主要研究如下几种练习方法。

#### （一）持哑铃体前屈转体

1. 训练目的

持哑铃体前屈转体的训练目的是发展腰部和躯干侧面肌群力量。

2. 训练方法

（1）两脚左右开立，间距约为两倍肩宽。

（2）一手扶在腿上，一手掌心向内持哑铃。

（3）身体前屈，尽量使哑铃接触对侧脚尖，重复练习。

示意图见图 5-14。

图 5-14 持哑铃体前屈转体

3. 注意事项

（1）膝、肘关节固定。

（2）只使用躯干完成体前屈和转体动作。

#### （二）仰卧转髋

1. 训练目的

仰卧转髋的训练目的是发展髋部和躯干两侧肌群的爆发力和力量。

2. 训练方法

（1）仰卧于垫子之上，收紧腹部、弯曲膝部，两手握住头后的横杆。

（2）向一侧快速转髋，腿接触垫子之后向相反方向转髋，重复练习。

示意图见图 5-15。

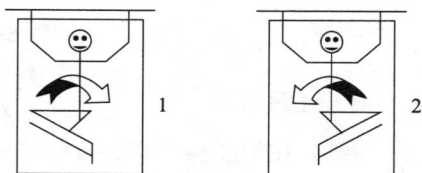

图 5-15 仰卧转髋

3. 注意事项

（1）练习时，两脚应并拢并贴在垫子上。

（2）只通过腰部完成动作。

## （三）两头起

1. 训练目的

两头起的训练目的是发展腹部肌群的爆发力与力量。

2. 训练方法

（1）在垫子上仰卧，充分伸展身体。

（2）两臂贴在头两侧伸直。

（3）快速屈体，在空中接触手、脚，然后恢复先前状态，重复练习。

示意图见图 5-16。

图 5-16 两头起

3. 注意事项

（1）用腹部肌群力量快速屈体。

（2）四肢充分伸直。

（3）要迅速完成动作。

## （四）支撑举腿

1. 训练目的

背肌转体的训练目的是发展髂腰肌、腹外斜肌、腹直肌的力量。

2. 训练方法

（1）通过手臂支撑身体，要求双手握住双杠，伸直手臂，身体伸展，下肢完全放松。

（2）并拢两脚，伸直双腿，收紧腹部并举腿，与上体成 90°后放下双腿，然后再次举腿，反复练习。

（3）力量增强后，可以加大难度，如在脚腕处负重。

### 3．注意事项

（1）直膝向上匀速举腿。

（2）有控制地放腿，不要彻底放松。

## （五）持哑铃体侧屈

哑铃比杠铃小，因练习时无声响而得名，是举重和健身练习的辅助器材之一。重哑铃有 10、15、30 千克等；轻哑铃有 6、8、12、16 磅（1 磅 =0.4536 千克）等，见图 5-17。

图 5-17　哑铃

### 1．训练目的

持哑铃体侧屈的训练目的是发展躯干侧面肌群力量。

### 2．训练方法

（1）两脚开立约与肩同宽。

（2）一手扶腰，一手掌心向内持哑铃。

（3）向拿哑铃手的一边尽量屈体，然后竖直躯干，再尽量向另一边屈体，重复练习。

示意图见图 5-18。

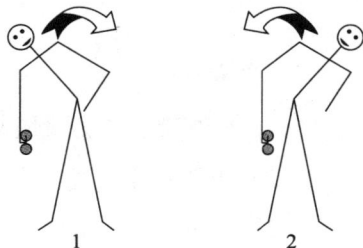

### 3．注意事项

（1）膝关节与髋固定。

（2）保持背部伸直状态。

（3）只在腰部完成侧屈动作。

1　　　2

图 5-18　持哑铃体侧屈

## （六）侧卧提腿

### 1．训练目的

侧卧提腿的训练目的是发展髋部和躯干两侧肌群力量。

## 2．训练方法

（1）伸展身体，在斜板上侧卧。

（2）将上方脚踝关节系在橡胶带或拉力器绳索上固定。

（3）拉力方向靠近身体斜下方，向上尽量快速提腿，重复练习。

示意图见图 5-19。

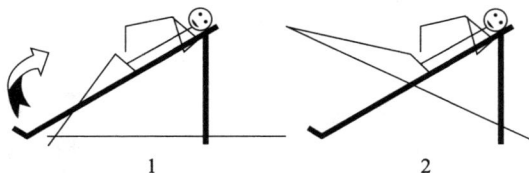

图 5-19 侧卧提腿

## 3．训练要求

（1）保持膝关节伸直。

（2）只通过髋部与躯干两侧肌群发力。

## （七）两头起

## 1．训练目的

两头起的训练目的是发展腹部肌群的爆发力与力量。

## 2．训练方法

（1）在垫子上仰卧，充分伸展身体。

（2）两臂贴在头两侧伸直。

（3）快速屈体，在空中接触手、脚，然后恢复先前状态，重复练习。

示意图见图 5-20。

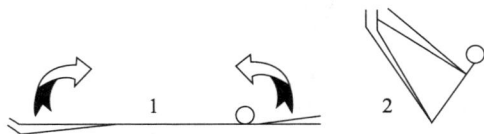

图 5-20 两头起

## 3．注意事项

（1）用腹部肌群力量快速屈体。

（2）四肢充分伸直。

（3）完成动作的速度要尽可能快。

### （八）背肌转体

1. **训练目的**

背肌转体的训练目的是发展背部和躯干两侧肌群的爆发力和力量。

2. **训练方法**

（1）使身体完全伸展，俯卧于山羊（图5-21）上。

（2）上体下屈，由同伴帮助或在肋木上固定腿部。

（3）交叉两手，在头后部贴好。

（4）身体伸展，至水平时向一侧转体。

（5）身体收缩，至初始姿势。

（6）身体伸展，至水平时向另一侧转体，重复练习。

图5-21　山羊

（6）力量增强后，可加大难度，如手持重物在头后固定。

示意图见图5-22。

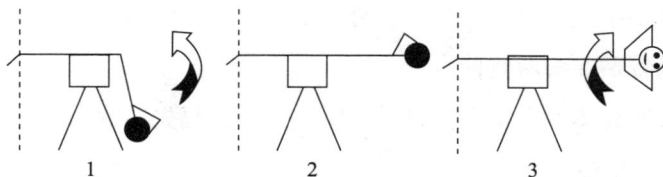

图5-22　背肌转体

3. **注意事项**

（1）伸直膝关节。

（2）只用背部肌群发力。

# 第二节　胸部和肩部力量训练方法

人们可以通过器械训练或徒手练习发展胸部力量。在实际训练过程中，凡是上体比下肢低的斜板卧推以及飞鸟动作，都能很好地增强胸大肌下部力量。

训练肩部力量大都是对肩部肌群力量进行训练，重点是训练锁骨末端三角肌的力量。要想全面发展机体的整个三角肌，必须进行专门的力量训练。

## 一、杠铃练习

这里主要研究以下几种练习方法。

### （一）斜板卧推

1. 训练目的

斜板卧推的训练目的是发展上脚部、上肩部和臂部力量。

2. 训练方法

（1）在斜卧推架（图 5-23）上仰卧，两脚放在地面之上，两手以约一肩半宽的间距握杠铃杆。

（2）肘关节向躯干下外侧屈，放下杠铃至下脚部，然后推起，重复练习。示意图见图 5-24。

图 5-23　斜卧推架

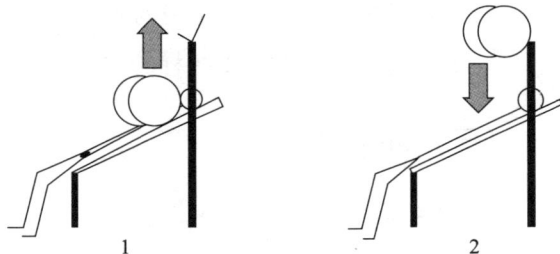

图 5-24　斜板卧推

### 3. 注意事项

（1）发力时髋部不得离开卧推架长凳。

（2）推起杠铃时呼气，放下杠铃时吸气。

（3）可以按运动专项要求，采用窄间距或两手宽间距握杠铃杆练习。

## （二）推举

### 1. 训练目的

推举的训练目的是发展肩部和臂部力量。

### 2. 训练方法

（1）两手以肩宽握杠铃杆，提铃至胸，肘关节在杠铃杆下方。

（2）挺胸，推举杠铃至头上，然后放下，重复练习。

示意图见图 5-25。

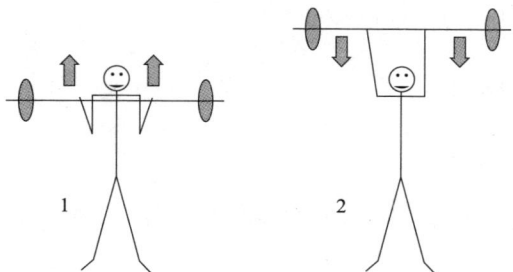

图 5-25 推举

### 3. 注意事项

（1）固定髋、腕关节。

（2）采用坐姿练习也是可以的。

（3）放下杠铃时呼气，上举时吸气。

（4）练习重复间隙，支撑杠铃的不是两臂而是胸部。

## （三）体前屈提铃

### 1. 训练目的

体前屈提铃的训练目的是发展上背部和肩后部肌群力量。

## 2．训练方法

（1）上体前屈，两手以肩宽间距握杠铃杆。

（2）上背部和肩后部肌群用力提起杠铃并放下，重复练习。

示意图见图 5-26。

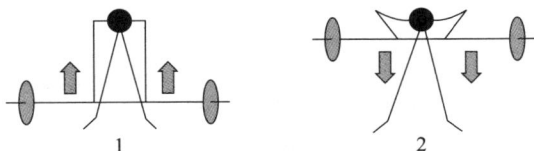

图 5-26　体前屈提铃

## 3．注意事项

（1）固定髋、膝关节。

（2）上体前屈与地面平行。

（3）肘关节向躯干外侧运动提起杠铃。

（4）放下杠铃时呼气，上拉时吸气。

## （四）卧推

### 1．训练目的

卧推的训练目的是发展胸部、肩前部和臂部力量。

### 2．训练方法

（1）在卧推架（图 5-27）上仰卧，两脚放在地面之上，两手以约一肩半宽的间距握杠铃杆。

（2）肘关节向躯干下外侧屈，放下杠铃至下胸部，然后推起，重复练习。

示意图见图 5-28。

图 5-27　卧推架

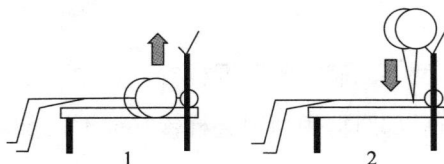

图 5-28　卧推

### 3．注意事项

（1）发力时髋部不能离开卧推架长凳。

（2）推起杠铃时呼气，放下时吸气。

（3）可以按运动专项要求，采用窄间距或两手宽间距握杠铃杆练习。

## （五）体前屈摆铃

### 1．训练目的

体前屈摆铃的训练目的是提高肩上部肌群力量。

### 2．训练方法

上体前屈，两手以肩宽间距握住杠铃杆，上肩部肌群用力前摆两臂提升杠铃，然后放下，重复练习。

示意图见图 5-29。

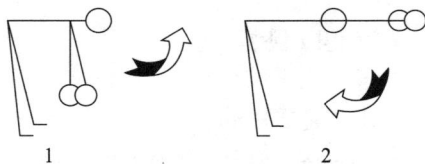

图 5-29　体前屈摆铃

### 3．注意事项

（1）尽量固定髋、膝关节。

（2）上体前屈与地面平行。

（3）上摆杠铃时吸气，放下时呼气。

（4）放下时杠铃不得接触地面。

## （六）颈后推举

### 1．训练目的

颈后推举的训练目的是提高肩上部、后部和臂部力量。

## 2. 训练方法

（1）两手约以一肩半宽握住杠铃杆，提铃至颈后肩上，肘关节在杠铃杆下方。

（2）挺胸，推举杠铃至头上，然后放下，重复练习。

示意图见图5-30。

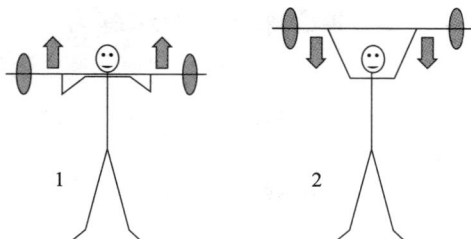

图 5-30　颈后推举

## 3. 注意事项

（1）固定两腿和髋关节。

（2）采用坐姿练习也是可以的。

（3）上举杠铃时吸气，放下时呼气。

（4）练习重复间隙，支撑杠铃的不是两臂而是胸部。

## （七）直臂头后拉

### 1. 训练目的

直臂头后拉的训练目的是提高胸部、肩下部、臂部力量。

### 2. 训练方法

（1）两脚前后开立于地面，背靠在长凳上，两手待握轻杠铃于头上方。

（2）沿半圈路线向头后下放杠铃，然后沿原路线拉起，重复练习。

示意图见图5-31。

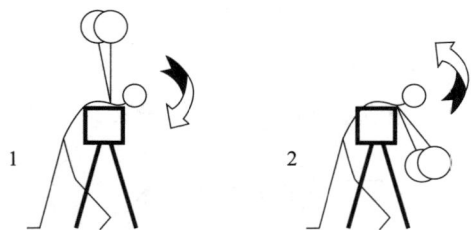

图 5-31　直臂头后拉

### 3. 注意事项

（1）拉起杠铃时呼气，放下时吸气。

（2）可按运动专项要求直臂拉引或调整两手间距。

## 二、实心球与瑞士球练习

这里主要研究以下几种练习方法。

### （一）仰卧单臂拉引

1. 训练目的

仰卧单臂拉引的训练目的是发展肩部肌肉群力量、脚部力量，以及身体稳定能力、支撑能力。

2. 训练方法

（1）在滑轮拉引练习器附近放瑞士球。

（2）头部和背部支撑在球上，髋部与地面平行，两脚放在地上，成卧姿势。

（3）单手握住滑轮拉引练习器的把手，稍微弯曲肘部，从较低位置拉引手臂。

（4）拉引完成后保持 1 s，然后回到初始状态，重复练习。

示意图见图 5-32。

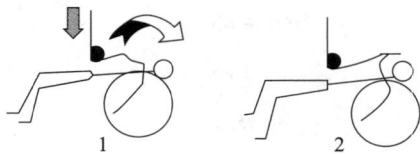

图 5-32　仰卧单臂拉引

3. 注意事项

完成动作的幅度应尽量大。

### （二）头上传接实心球

1. 训练目的

头上传接实心球的训练目的是发展肩部、臀部肌肉群的爆发力和力量。

2. 训练方法

（1）两人相距 3～4 m，相向站立，稍微屈膝。

（2）两手持实心球于头上，连续传接。

（3）力量增强后，可以加大难度，如降低身体重心、增加两人间距或球的质量。

练习示意图见图 5-33。

### 3. 注意事项

两手接球引至头上、身后位置。

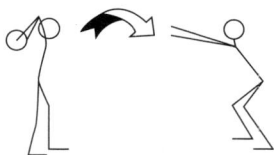

图 5-33 头上传接实心球

## （三）传接实心球

### 1. 训练目的

传接实心球的训练目的是发展胸部、肩部、臂部肌肉群的爆发力与力量。

### 2. 训练方法

（1）两人相距 3 ～ 4 m 相向站立，稍微屈膝。

（2）一人两手持实心球于胸前，向另一人传球，其接球后迅速传回，重复练习。

（3）力量增强后，可以加大难度，如增大两人之间的距离或增大球的质量。

示意图见图 5-34。

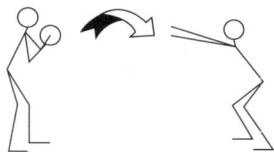

图 5-34 传接实心球

### 3. 注意事项

两臂应充分伸直接球。

## （四）侧卧挥哑铃

### 1. 训练目的

侧卧挥哑铃的训练目的是发展肩部力量、臂部力量，以及上背肌肉群爆发力和力量。

### 2. 训练方法

（1）完全伸直身体，在一侧腋窝下垫好瑞士球。

（2）前后分开双腿，两脚在地面上侧放，下侧脚在前面，上侧脚在后面。

（3）上侧手持哑铃，上侧手臂充分向下伸展，由身体侧面向上挥动哑铃，然后回到初始动作，重复练习。

示意图见图 5-35。

图 5-35 侧卧挥哑铃

### 3. 注意事项

（1）身体保持在平衡。

（2）在持哑铃手臂离垂直位置约 5° 时保持 2 s。

## （五）仰卧上推哑铃

### 1. 训练目的

仰卧上推哑铃的训练目的是发展肩部肌肉群力量，脚部力量，身体稳定能力和平衡能力。

### 2. 训练方法

（1）在平坦地面放好瑞士球。

（2）两脚在地面上平放，背部支撑身体重力，头部枕在球上。

（3）向前迈步成仰卧姿势。

（3）向上推举哑铃，然后收回双臂，重复练习。

示意图见图 5-36。

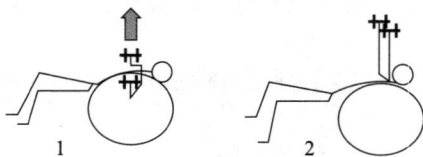

图 5-36 仰卧上推哑铃

### 3. 注意事项

（1）两脚之间的距离宽于骨盆。

（2）将哑铃推举到眼睛的垂直上方。

## （六）滑动俯卧撑

### 1. 训练目的

滑动俯卧撑的训练目的是发展肩部肌肉群力量、胸部力量，以及身体稳定能力和支撑能力。

### 2．训练方法

（1）在地面上放一个瑞士球。

（2）两臂撑地，髋部支撑在球上，两脚腾空，整个身体平行于地面，成俯卧撑姿势。

（3）两臂交叉前行，整个身体在球上滚动前移，小腿到达球面以后做一个俯卧撑，然后两臂交叉后退，回到初始姿势，重复练习。

（4）力量增强后，可以加大难度。

示意图见图 5-37。

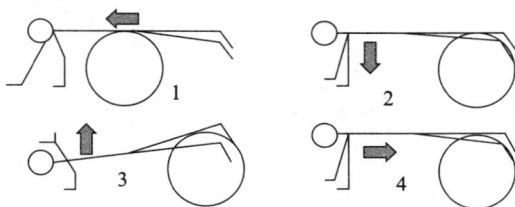

**图 5-37　滑动俯卧撑**

### 3．注意事项

动作过程中，完全伸直身体。

## （七）仰卧引体

### 1．训练目的

仰卧引体的训练目的是发展肩部力量、臂部力量、上背肌肉群爆发力和力量。

### 2．训练方法

（1）两手在身体上方握住固定横杠，在膝关节下垫瑞士球。

（2）手臂弯曲，上引身体，当下颌接触横杠后伸展手臂，重复练习。

（3）力量增强后，可以加大难度，如逐渐把球移到脚后。

示意图见图 5-38。

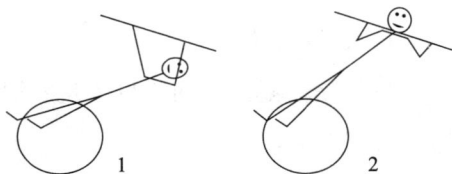

**图 5-38　仰卧引体**

## 3. 注意事项

练习时完全伸直身体。

### （八）双球支撑扩胸

#### 1. 训练目的

双球支撑扩胸的训练目的是发展肩部肌肉群力量、胸部肌肉群力量，以及身体稳定能力、支撑能力。

#### 2. 训练方法

（1）在地面上放两个瑞士球。

（2）俯卧，两脚放在地面支撑，两个前臂分别放在两个瑞士球上支撑身体，身体与地面的夹角约 30°。

（3）打开两臂，尽量向外侧滚球，然后回收两臂，将球滚回开始位置，重复练习。

示意图见图 5-39。

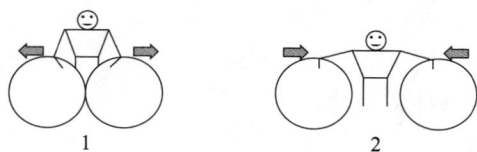

图 5-39　双球支撑扩胸

#### 3. 注意事项

（1）完全伸直身体。

（2）肩部有损伤时不能练习。

### （九）俯卧提转哑铃

#### 1. 训练目的

俯卧提转哑铃的训练目的是发展臂部肌肉群爆发力和力量、肩部肌肉群爆发力和力量。

2．训练方法

（1）完全伸直身体，胸部接触瑞士球上，伸直腿部，脚部支撑于地面。

（2）两手握住哑铃，前臂垂直向下，外展上臂。

（3）向上方提拉上臂，平行于地面时，前臂前旋，尽量提升哑铃高度。提到最大高度后返回初始姿势，重复练习。

示意图见图5-40。

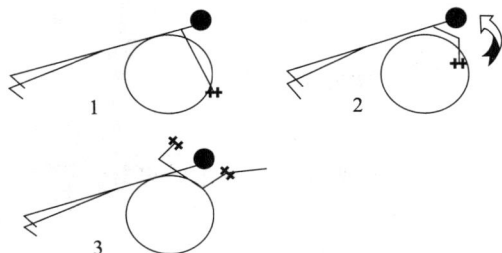

图5-40　俯卧提转哑铃

3．注意事项

（1）肘关节保持90°弯曲。

（2）哑铃达到最大高度时保持1 s。

## （十）斜立扩胸

1．训练目的

斜立扩胸的训练目的是发展肩部肌肉群力量、胸部肌肉群力量，以及身体稳定能力、支撑能力。

2．训练方法

（1）在地面上放两个瑞士球。

（2）面向两球，两臂放在球上支撑。

（3）两脚掌在地面上支撑，弯曲膝关节，身体向球倾斜。

（4）打开两臂，尽量向外侧滚球，然后回收两臂，将球滚回开始位置，重复练习。

示意图见图5-41。

图5-41　斜立扩胸

### 3．注意事项

（1）躯干保持伸直状态。

（2）分球到最大幅度后，保持 2 s，然后收回两臂。

## 三、辅助练习

这里主要研究以下几种练习方法。

### （一）头上推举

#### 1．训练目的

头上推举的训练目的是发展三角肌、肱三头肌等肌群的力量。

#### 2．训练方法

（1）身体伸展直立于平坦地面，两脚之间的距离约为肩宽。

（2）两手正握哑铃，两个哑铃之间的距离约为肩宽。

（3）两肘弯曲，在肩上悬停哑铃，快速推举哑铃至头上方，然后缓慢返回初始动作，重复练习。

#### 3．注意事项

（1）训练过程中应注意快举慢放。

（2）应逐渐增加练习重量。

### （二）直臂侧平举

#### 1．训练目的

直臂侧平举的训练目的是发展三角肌的力量与斜方肌的力量。

#### 2．训练方法

（1）上体挺直，自然站立于平坦地面（采用坐姿也是可以的）。

（2）两手各持哑铃在身体两侧自然下垂，伸直两臂成侧平举姿势，然后缓慢放下，重复练习。

3．注意事项

（1）可选用壶铃（图5-42）、哑铃等器械。

图 5-42　壶铃

（2）正握或反握都可以。

（3）遵循快上慢下的原则。

## （三）仰卧扩胸

1．训练目的

仰卧扩胸的训练目的是发展三角肌的力量和胸大肌的力量。

2．训练方法

（1）仰卧于矮凳或垫子，两手握住哑铃，两臂向身体两侧伸直。

（2）保持两臂伸直，以肩部为圆心慢慢举哑铃至胸部正上方，然后慢慢向两侧放下两臂，回到初始位置，重复练习。

3．注意事项

（1）两臂有控制地下放还原，速度不能太快。

（2）两臂下放时不能接触矮凳或垫子。

## （四）负重俯卧撑

1．训练目的

负重俯卧撑的训练目的是发展胸部、臂部肌群的爆发力和力量。

2．训练方法

（1）并拢两脚放在台子上，两手放在地面上支撑身体，背部固定若干杠铃片。

（2）屈臂使胸部接近地面，然后两臂撑起身体，重复练习。

示意图见图 5-43。

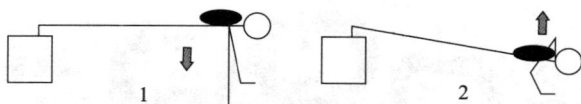

**图 5-43 负重俯卧撑**

### 3. 注意事项

（1）伸展、固定膝和髋关节，只用臂部、胸部发力。

（2）身体下降时吸气，撑起时呼气。

## （五）摆臂

### 1. 训练目的

摆臂的训练目的是发展肩前部和后部肌群的爆发力和力量。

### 2. 训练方法

（1）两脚前后开立于地面。

（2）两手掌心向内持杠铃片，两臂于体侧屈肘约 90°。

（3）两臂以相反方向沿体侧交替进行大幅度的前后摆臂。

示意图见图 5-44。

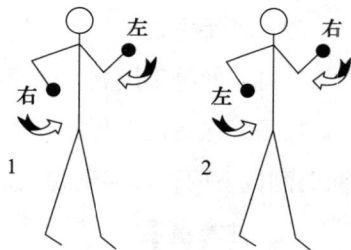

**图 5-44 摆臂**

### 3. 注意事项

（1）保持身体正直。

（2）固定肘关节，只用两臂同时完成动作。

（3）尽快、大幅度完成动作。

## （六）杠铃片头后拉

### 1. 训练目的

杠铃片头后拉的训练目的是发展臂部肌群爆发力和力量、肩下部肌群爆发力和力量、胸部肌群爆发力和力量。

2．**训练方法**

（1）背靠横向长凳，两脚前后开立支撑在地面上，两手握住杠铃片放在头部上方。

（2）手臂向头后沿半圆下放杠铃片，然后沿原路线返回，重复练习。

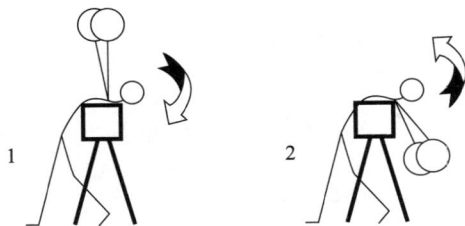

图 5-45　杠铃片头后拉

示意图见图 5-45。

3．**注意事项**

（1）放下杠铃片时吸气，拉起时呼气。

（2）尽快完成动作。

## （七）横向飞鸟

1．**训练目的**

横向飞鸟的训练目的是发展肩上部肌群力和爆发力。

2．**训练方法**

（1）两脚左右开立于地面，两手掌心向内，两臂于体前平举杠铃片。

（2）直臂水平沿体侧向后移动杠铃片，至最大位置后慢慢返回手臂，重复练习。

示意图见图 5-46。

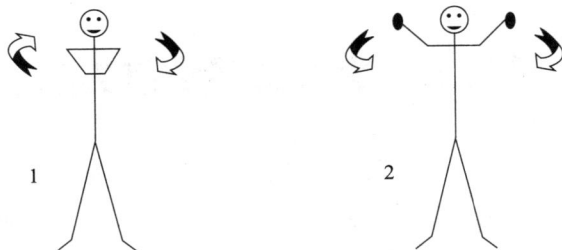

图 5-46　横向飞鸟

**3. 注意事项**

（1）保持身体正直。

（2）练习时只用两臂同时动作。

（3）尽快完成动作。

### （八）纵向飞鸟

**1. 训练目的**

纵向飞鸟的训练目的是提高肩上部肌群爆发力和力量。

**2. 训练方法**

（1）两脚左右开立（间距为肩宽），两手掌心向内握住杠铃片，两臂垂立于身体两侧。

（2）直臂从身体两侧上提杠铃片，至头顶上方后沿原路慢慢返回，重复练习。

示意图见图 5-47。

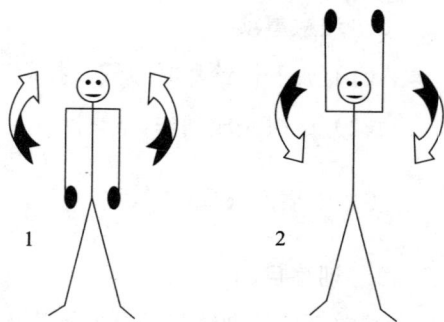

图 5-47 纵向飞鸟

**3. 注意事项**

（1）保持身体正直。

（2）两臂同步动作。

（3）尽快完成动作。

# 第三节 上肢力量训练方法

进行上肢力量训练，主要是发展肩部、臂部、腕部肌肉群的力量、固定能力、支撑能力、爆发力或平衡能力。

## 一、杠铃练习

这里主要研究以下几种练习方法。

### （一）屈腕

1. **训练目的**

屈腕的训练目的是发展前臂前部和屈腕肌群力量。

2. **训练方法**

（1）坐在凳子上，两手握住轻杠铃，肘部放在膝部上支撑整个杠铃重力。

（2）手腕连续屈伸。

示意图见图 5-48。

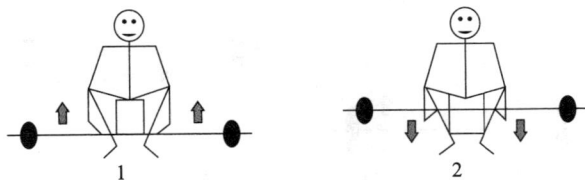

图 5-48　屈腕

3. **注意事项**

（1）前臂与地面保持约 45°夹角。

（2）肘关节约 90°夹角。

（3）只通过腕部发力。

### （二）手腕屈伸负重训练

1. **训练目的**

手腕屈伸负重的训练目的是发展手腕肌群的力量和前臂肌群的力量。

2. **训练方法**

（1）坐在凳子上，两手反握杠铃，手腕放在膝关节上，前臂贴在大腿上。

（2）手腕以尽量大的动作幅度绕额状轴上下旋卷。

### 3. 注意事项

（1）训练器械可以是杠铃、哑铃。

（2）练习时可以在一端负重。

（3）手腕应做旋转动作或向上仰起再放下。

## （三）屈肘

### 1. 训练目的

屈肘的训练目的是发展上臂前部肌肉力量。

### 2. 训练方法

（1）身体保持直立，两手在身体前方约以肩宽反握杠铃。

（2）两臂弯曲，向上提拉杠铃，至最高位置后缓慢放下，重复练习。示意图见图 5-49。

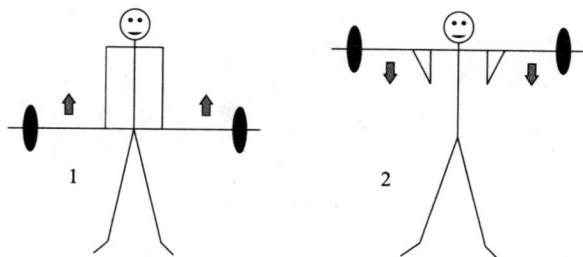

图 5-49　屈肘

### 3. 注意事项

（1）练习时保持身体稳定。

（2）尽快完成动作。

## （四）颈后伸臂

### 1. 训练目的

颈后伸臂的训练目的是发展上臂后部肌肉力量。

### 2. 训练方法

（1）保持身体直立，两手在头后部约以肩宽反握轻杠铃。

（2）两臂伸展上提杠铃，至最高位置后屈臂放下，重复练习。

示意图见图5-50。

**3．注意事项**

（1）练习时略微低头。

（2）尽快完成动作。

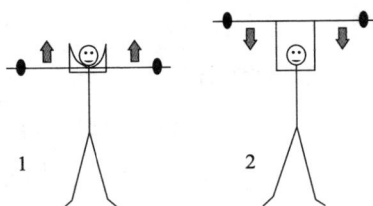

图5-50　颈后伸臂

## 二、实心球与瑞士球练习

这里主要研究以下几种练习方法。

### （一）仰卧伸臂

**1．训练目的**

仰卧伸臂的训练目的是发展上臂后部肌肉群力量。

**2．训练方法**

（1）在瑞士球上仰卧，向上伸直两脚，两手持哑铃。

（2）上臂伸直并保持此状态，弯曲肘部，使哑铃在头部两侧接触球面。

（3）伸展手臂，重复练习。

示意图见图5-51。

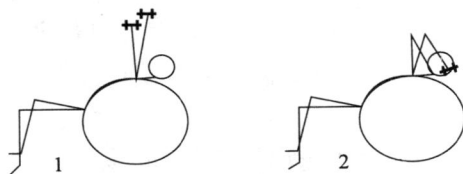

图5-51　仰卧伸臂

**3．注意事项**

（1）伸展时，肘部总是指向上方。

（2）臀部与背部紧贴瑞士球。

### （二）俯卧撑起跪推实心球

**1．训练目的**

俯卧撑起跪推实心球的训练目的是发展手腕、上臂后部、肩部、胸部肌肉群爆发力和力量。

**2. 训练方法**

（1）两人面对面相距 5 m 跪立，其中一个人胸前双手持实心球。

（2）持球人身体向另一人前倒，两手向斜上方将球推出。推出球后两手迅速推地，恢复初始的跪立姿势。

（3）接球人接球后，以同样动作推出球，两人重复练习。

示意图见图 5-52。

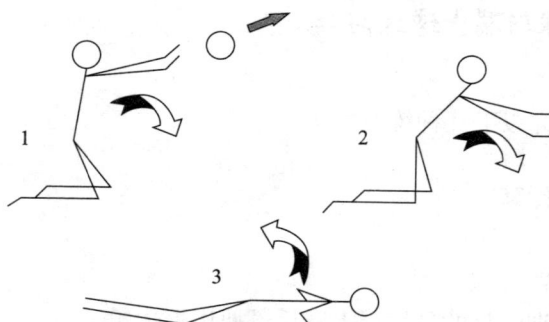

**图 5-52　俯卧撑起跪推实心球**

**3. 注意事项**

（1）两人应协调配合，目光应始终接触。

（2）快速完成推、接球动作。

### （三）实心球移动俯卧撑

**1. 训练目的**

实心球移动俯卧撑的训练目的是发展肩部肌肉群力量与平衡能力，以及上臂后部肌肉群力量与平衡能力。

**2. 训练方法**

（1）俯卧，一只手和两脚掌同时撑地，另一只手在球上支撑，伸展身体成一条直线。

（2）将撑地的手快速放到实心球上，慢慢做一个俯卧撑，快速将撑在球上的手移动到地面上支撑，重复练习。

示意图见图 5-53。

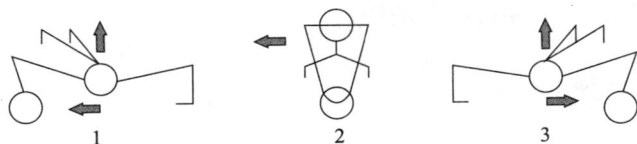

**图 5-53　实心球移动俯卧撑**

### 3. 注意事项

（1）充分伸展全身，保持平衡。

（2）两手放在实心球两侧。

（3）通过肘部下降来引导身体下降。

（4）尽快完成练习。

## （四）侧俯卧屈肘

### 1. 训练目的

侧俯卧屈肘的训练目的是发展上臂前部肌肉群力量。

### 2. 训练方法

（1）手持一个较重的哑铃。

（2）将瑞士球放在地面上，侧俯卧于球上，将练习臂固定好并充分伸展，然后开始屈肘练习。

示意图见图 5-54。

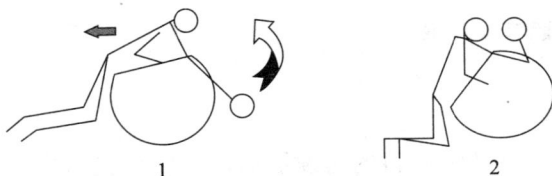

**图 5-54　侧俯卧屈肘**

### 3. 注意事项

（1）哑铃的重力应能使人屈肘时在球上前后移动。

（2）需要几秒钟完成练习臂的伸展动作。

（3）人体应在伸展练习臂的同时随球滚动前移。

（4）身体后移时完成屈肘动作。

### （五）实心球俯卧撑

1．训练目的

实心球俯卧撑的训练目的是发展肩部肌肉群力量与平衡能力，以及上臂后部肌肉群力量与平衡能力。

2．训练方法

（1）两手放在球上、两脚放在地上支撑身体，完全伸展身体成一条斜线。

（2）屈肘使上体下移，再伸直肘部撑起上体，重复练习。

示意图见图 5-55。

**图 5-55　实心球俯卧撑**

3．注意事项

（1）两手必须放在实心球两侧。

（2）充分伸展全身，保持平衡。

（3）通过肘部弯曲来引导身体下降。

### （六）压臂固定瑞士球

1．训练目的

压臂固定瑞士球的训练目的是发展肩部、臂部肌肉群反应力量和固定、支撑能力。

2．训练方法

（1）在长凳上端坐，水平外展一侧手臂，用手压球。

（2）同伴从不同方向拍球，练习者尽量压球，不让它运动。

（3）力量增强后，可加大难度，如向身体的各个方向伸臂固定瑞士球。

示意图见图 5-56。

### 3. 注意事项

保持身体与球的稳定。

图 5-56　压臂固定瑞士球

## （七）瑞士球俯卧撑

### 1. 训练目的

瑞士球俯卧撑的训练目的是发展与上臂后部肌肉群力量以及肩部肌肉群力量。

### 2. 训练方法

（1）面向球站立，两手支撑在瑞士球上，两脚掌支撑在地面上，伸展身体成一条斜线。

（2）弯曲肘部使身体下移，前臂接触球面后伸展肘部使身体上移，重复练习。

示意图见图 5-57。

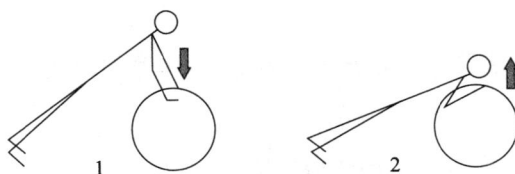

图 5-57　瑞士球俯卧撑

### 3. 注意事项

（1）通过屈肘引导身体下降。

（2）充分伸展全身，尽量保持平衡。

## 三、辅助练习

这里主要研究以下几种练习方法。

## （一）双杠臂撑起

### 1. 训练目的

双杠臂撑起的训练目的是发展肩部、臂部肌群支撑力量。

### 2. 训练方法

（1）直臂，两手掌心向下支撑身体于双杠上。

（2）弯曲肘部使身体下移，然后伸展肘部使身体上移，重复练习。

示意图见图 5-58。

### 3. 注意事项

（1）身体下移时，尽可能使肩部接近两手。

图 5-58　双杠臂撑起

（2）尽可能通过臂、肩用力来完成动作。

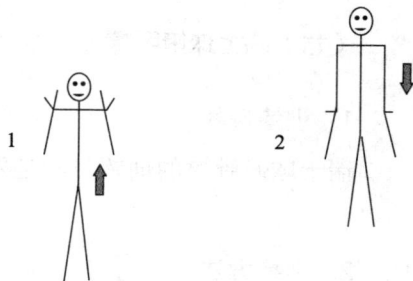

## （二）引体向上

### 1. 训练目的

引体向上的训练目的是发展肩部和臂部肌群拉引力量。

### 2. 训练方法

（1）直臂，两手掌心向前约以肩宽握住单杠。

（2）肘部弯曲上引身体，然后伸直肘部使身体慢慢下移，重复练习。

示意图见图 5-59。

### 3. 注意事项

（1）初始姿势是直臂，身体完全伸展，悬垂。

（2）应上移至下颌接近单杠。

（3）练习时尽可能只用臂、

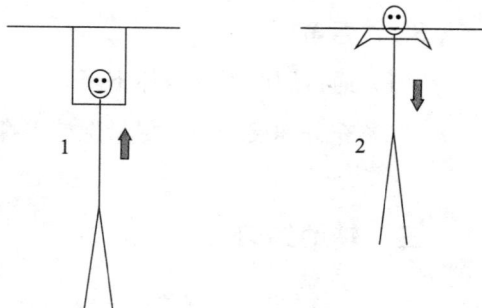

图 5-59　引体向上

肩发力。

（4）下垂身体时呼气，上拉时吸气。

## （三）爬绳

**1．训练目的**

爬绳的训练目的是发展肩部和臂部肌群拉引力量。

**2．训练方法**

（1）两手握住绳索，稍微弯曲两臂。

（2）两手依次向上握住绳索，不断提升身体高度。

示意图见图 5-60。

**3．注意事项**

（1）练习时，尽量通过肩、臂发力。

（2）如果上肢力量不足，增加助力，可用两脚夹住绳索。

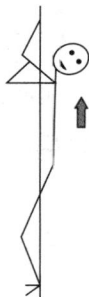

图 5-60　爬绳

## （四）倒立走

**1．训练目的**

倒立走的训练目的是发展肩部和臀部肌群支撑力量与平衡能力。

**2．训练方法**

（1）倒立，用两臂向前移动。

（2）力量增强后，可以加大难度，如向各个方向移动身体。

示意图见图 5-61。

**3．注意事项**

（1）在安全的垫子或地面上练习。

（2）为了维持平衡，可让同伴帮助扶住两腿。

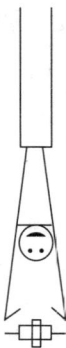

图 5-61　倒立走

# 第四节　髋部和下肢力量训练方法

髋部是躯干与腿相连接的部位，是一系列机体运动的中心，可以使躯干、腿向侧面、向前、向后自主运动。腿部力量是机体从事其他常见运动项目的基础。

## 一、杠铃练习

这里主要研究以下几种练习方法。

### （一）蹲跳

**1. 训练目的**

蹲跳的训练目的是发展臀部、大腿前部肌群力量和下肢爆发力。

**2. 训练方法**

（1）两脚约以肩宽间距左右开立。

（2）肩负轻杠铃，两手握在杠铃杆上。

（3）下蹲至大腿与地面成约 45° 后迅速向上跳起。

（4）落地后恢复原始姿势，重复练习。

示意图见图 5-62。

**3. 注意事项**

（1）注意地面平整，保障安全。

（2）微抬头，伸直躯干。

（3）落地后尽快跳起。

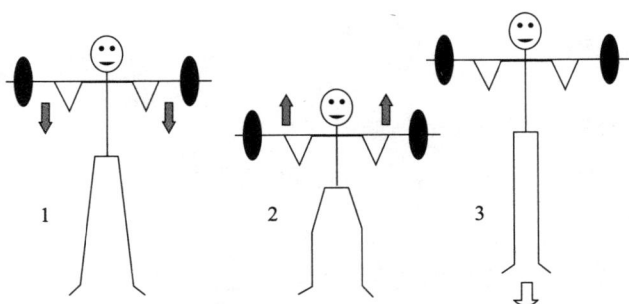

图 5-62 蹲跳

## （二）半蹲

### 1. 训练目的

半蹲的训练目的是发展臀部和大能前部肌群力量。

### 2. 训练方法

（1）两脚约以肩宽间距左右开立。

（2）肩负杠铃，两手握在杠铃杆上。

（3）下蹲至大腿与地面约成 45°后起立，恢复初始姿势，重复练习。

示意图见图 5-63。

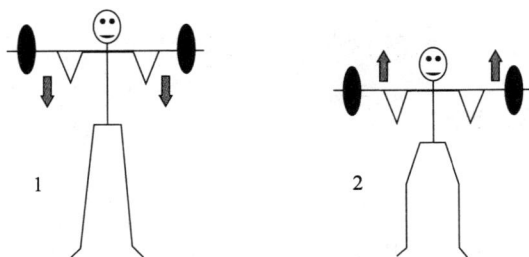

图 5-63 半蹲

### 3. 注意事项

（1）微抬头，伸直躯干。

（2）站起时呼气，下蹲时吸气，注意安全保护。

## （三）宽半蹲

### 1. 训练目的
宽半蹲的训练目的是发展臀部和大腿内侧肌群力量。

### 2. 训练方法
（1）两脚以 1.5 ～ 2 倍脚宽间距左右开立。

（2）肩负杠铃，两手握在杠铃杆上。

（3）下蹲至大腿与地面约成 45° 后起立，恢复初始姿势，重复练习。

示意图见图 5-64。

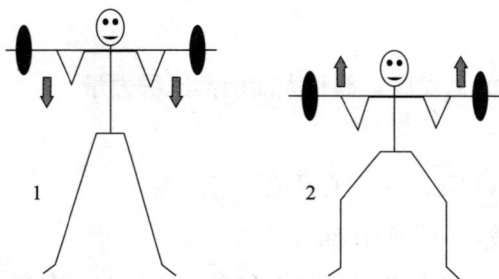

**图 5-64　宽半蹲**

### 3. 注意事项
（1）微抬头，伸直躯干。

（2）站起时呼气，下蹲时吸气，注意安全保护。

## （四）负重弓箭步走

### 1. 训练目的
负重弓箭步走的训练目的是发展下肢对抗缓冲、支撑身体力量和蹬伸的爆发力。

### 2. 训练方法
（1）肩负轻杠铃，两手握在杠铃杆上。

（2）快速蹬伸支撑腿，摇动腿大幅度向前迈步落地支撑，换腿重复练习。

示意图见图 5-65。

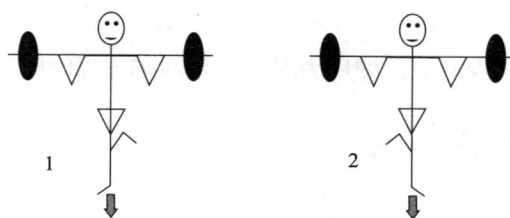

图 5-65　负重弓箭步走

### 3. 注意事项

（1）为保证安全，应在不光清、平整的地面练习。

（2）摆动腿落地支撑后，应尽可能减少缓冲，并短时间保持弓箭步姿势，然后继续练习。

（3）尽快完成动作。

## （五）负重交换腿上下跳台阶

### 1. 训练目的

负重交换腿上下跳台阶的训练目的是发展下肢对抗缓冲、支撑身体力量和蹬伸爆发力。

### 2. 训练方法

（1）肩负轻杠铃，两手握在扛铃杆上。

（2）一只脚踩在地面上，另一只脚踩在 25 ～ 35 cm 高台阶上。

（3）快速蹬上台阶并跳起，身体下降时交换两腿，重复练习。

示意图见图 5-66。

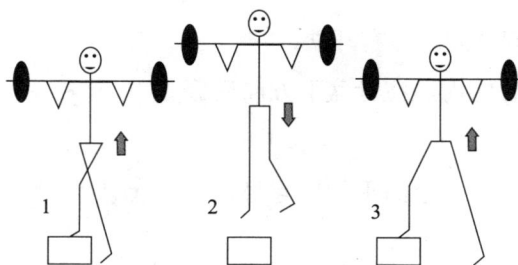

图 5-66　负重交换腿上下跳台阶

3．注意事项

（1）为保证安全，应在不光清、平整的地面练习，且应使用稳固的台阶。

（2）尽可能减少两腿蹬伸用力时间以及两脚支撑时间。

## （六）宽站立身后提拉蹲

1．训练目的

宽站立身后提拉蹲的训练目的是发展臀部和大腿内侧肌群力量。

2．训练方法

（1）两脚左右开立，间距为 1.5 ～ 2 倍肩宽。

（2）两手掌心向后，在髋部两侧握杠铃于身后。

（3）下蹲至大腿与地面平行后起身，重复练习。

示意图见图 5-67。

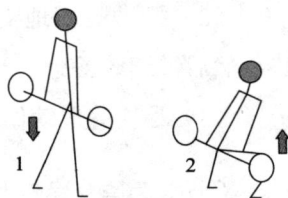

图 5-67　宽站立身后提拉蹲

3．注意事项

（1）站起时呼气，下蹲时吸气。

（2）练习时，应抬头，伸直躯干。

## （七）纵向杠铃提拉蹲

1．训练目的

纵向杠铃提拉蹲的训练目的是发展腿部和大腿内侧肌群力量。

2．训练方法

（1）两脚以肩宽间距左右开立。

（2）两手掌心向内，在骨盆下方前后握杠铃于两腿间。

（3）下蹲至大腿与地面平行后起身，重复练习。

示意图见图 5-68。

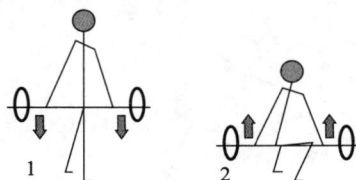

图 5-68　纵向杠铃提拉蹲

**3．注意事项**

（1）站起时呼气，下蹲时吸气。

（2）微抬头，伸直躯干。

## （八）深蹲

**1．训练目的**

深蹲的训练目的是发展肩部和大腿前部肌群力量。

**2．训练方法**

（1）两脚以肩宽间距左右开立，肩负杠铃，两手握在杠铃杆上。

（2）下蹲至大腿与地面平行后起立，恢复初始姿势，重复练习。

（3）力量增强后，可以加大难度，如练习时减小两脚之间的距离。

示意图见图 5-69。

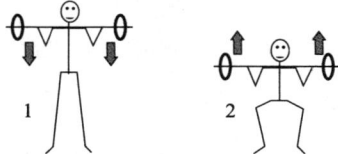

**图 5-69　深蹲**

**3．注意事项**

（1）微抬头，伸直躯干。

（2）站起时呼气，下蹲时吸气。

## （九）宽深蹲

**1．训练目的**

宽深蹲的训练目的是发展臀部和大腿内侧肌群力量。

**2．训练方法**

（1）两脚以 1.5 ～ 2 倍肩宽间距左右开立。

（2）肩负杠铃，两手握在杠铃杆上。

（3）下蹲至大腿与地面平行后起立，恢复初始姿势，重复练习。

示意图见图 5-70。

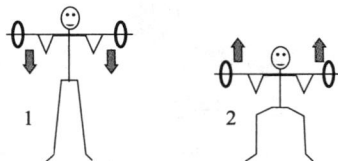

**图 5-70　宽深蹲**

### 3．注意事项

（1）微抬头，伸直躯干。

（2）站起时呼气，下蹲时吸气。

## （十）垫脚跟前蹲

### 1．训练目的

垫脚跟前蹲的训练目的是发展臀部和大腿前部肌群力量。

### 2．训练方法

（1）两脚以肩宽间距左右开立。

（2）脚跟下垫木板。

（3）在胸前交叉两臂，左手在右肩上，右手在左肩上，固定杠铃于颈前胸部。

（4）下蹲至大腿与地面平行后起身，回到初始位置，重复练习。

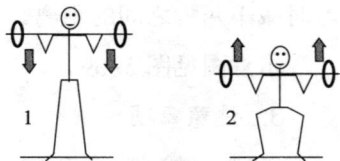

图 5-71　垫脚跟前蹲

（5）力量增强后，可以加大难度，如减小两脚之间的距离。

示意图见图 5-71。

### 3．意事项

（1）微抬头，伸直躯干。

（2）站起时呼气，下蹲时吸气。

## （十一）垫脚跟宽前蹲

### 1．训练目的

垫脚跟宽前蹲的训练目的是发展臀部和大腿内侧肌群力量。

### 2．训练方法

（1）两脚左右开立，间距为 1.5 ～ 2 倍肩宽。

（2）脚跟下垫木板。

（3）在胸前交叉两臂，左手在右肩上，右手在左肩上，固定杠铃于颈前胸部。

（4）下蹲至大腿与地面平行后起身，回到初始位置，重复练习。

示意图见图 5-72。

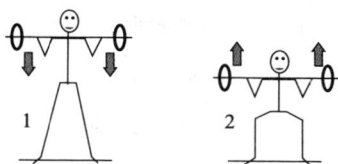

图 5-72　垫脚跟宽前蹲

3. 注意事项

（1）微抬头，伸直躯干。

（2）站起时呼气，下蹲时吸气。

### （十二）负重交换腿跳

1. 训练目的

负重交换腿跳的训练目的是发展下肢对坑缓冲、支撑身体力量和蹬伸爆发力。

2. 训练方法

（1）肩负轻杠铃，两手握在扛铃杆上。

（2）快速跳起交换两腿位置，重复持续练习。

示意图见图 5-73。

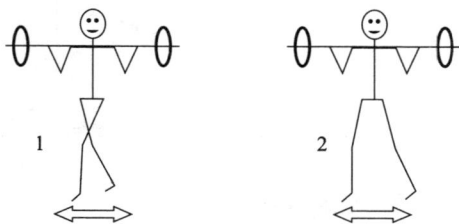

图 5-73　负重交换腿跳

3. 注意事项

（1）为保证安全，应在不光清、平整的地面练习。

（2）尽量减少两脚地面支持用力时间。

## 二、实心球与瑞士球练习

这里主要研究以下几种练习方法。

### （一）偏卧球上转髋

1. 训练目的

偏卧球上转髋的训练目的是发展下腹部肌群力量、腰部肌群力量、臀部肌群力量和转髋肌群力量。

2. 训练方法

（1）一条腿屈髋、屈膝并悬空，伸直另一条腿并将前部放在球上，形成偏卧撑姿势。

（2）向身体两侧左右摆动悬空的腿至与地面平行，然后换腿重复练习。

（3）力量增强后，可以加大动作难度，这时可以让同伴帮助固定瑞士球。

示意图见图 5-74。

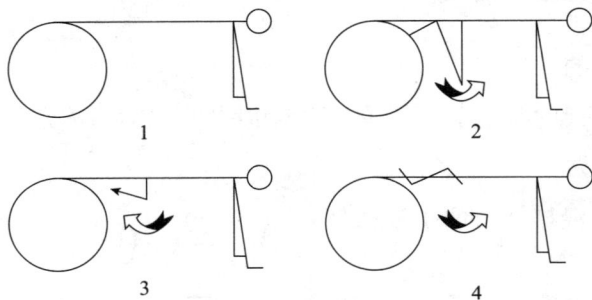

图 5-74　偏卧球上转髋

3. 注意事项

充分伸展球上的支撑腿，与身体成为一线。

### （二）仰卧腿拉引

1. 训练目的

仰卧腿拉引的训练目的是发展伸髋、大腿后部和屈膝肌群力量。

2. 训练方法

（1）两脚在地上支撑，肩下垫球，完全伸展身体成仰卧姿势。

（2）两手在头后部握住滑轮把手。

（3）使身体尽量平行于地面。

（4）弯曲膝关节，使身体在球上前滚。

（5）伸展膝关节，推回初始位置，重复练习。

示意图见图 5-75。

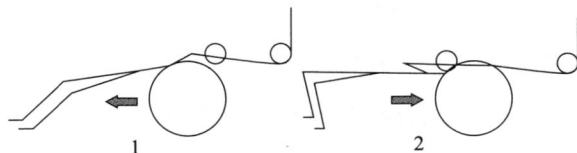

图 5-75　仰卧腿拉引

### 3. 注意事项

（1）尽量不使髋部高度发生变化。

（2）尽量加大向前方滚动的距离。

### （三）靠墙单腿下蹲

### 1. 训练目的

靠墙单腿下蹲的训练目的是发展腿部力量、髋部力量。

### 2. 训练方法

（1）背向墙面站立，将一个瑞士球放在腰部与墙之间。

（2）两脚在身体重心前 30 cm 左右处以髋肩间距开立，并使脚尖指向身体正前方。

（3）抬起一条腿，身体夹球下蹲，至大腿平行于地面时，停顿 2 s 后站起，换另一条腿重复练习。

（4）力量增强后，可以加大难度，如两手持哑铃等。

示意图见图 5-76。

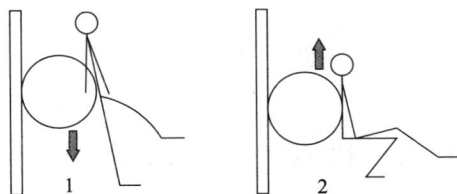

图 5-76　靠墙单腿下蹲

### 3. 注意事项

（1）练习时仰头，眼向前上方看。

（2）脚跟支撑体重，让球在背部滚动。

（3）支撑腿膝关节向前移动时不能超过脚尖。

## （四）俯卧腿拉球

### 1. 训练目的

俯卧腿拉球的训练目的是发展屈髋肌群力量与下腹部肌群力量。

### 2. 训练方法

（1）小腿前部放在球上，两手撑地成俯卧撑姿势。

（2）屈膝、屈髋，用小腿前部和脚向躯干部位拉球。

（3）力量增强后，可以加大难度，如悬空提起一条腿，用另一条腿练习。

示意图见图 5-77。

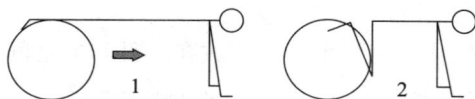

图 5-77 俯卧腿拉球

### 3. 注意事项

充分伸展身体成一线。

## （五）内拉腿

### 1. 训练目的

内拉腿的训练目的是发展内侧肌群力量。

### 2. 训练方法

（1）一只脚在地面上支撑（腿略微屈髋、屈膝），另一只脚放在身体一侧的瑞士球上。

（2）系阻力滑轮绳索或胶带于踝关节。

（3）向身体内侧拉引球上的脚，换腿重复练习。

示意图见图 5-78。

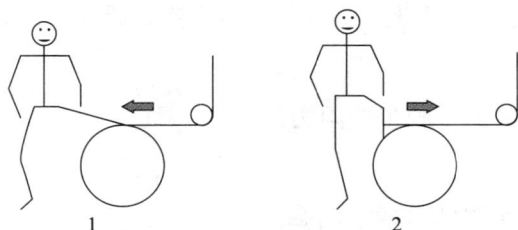

图 5-78　内拉腿

### 3．注意事项

（1）身体应保持屈髋、屈膝的姿势。

（2）尽量加大动作幅度。

## （六）靠墙单腿侧蹲

### 1．训练目的

靠墙单腿侧蹲的训练目的是发展腿部力量和髋部力量。

### 2．训练方法

（1）侧对墙面站立，将一个瑞士球放在肘部与墙面之间。

（2）身体侧面倾斜约45°靠在瑞士球上，内侧腿屈膝悬空，外侧腿支撑身体。

（3）靠墙下蹲，球从肘部滚动至肩部。

（4）站起，换腿重复练习。

示意图见图 5-79。

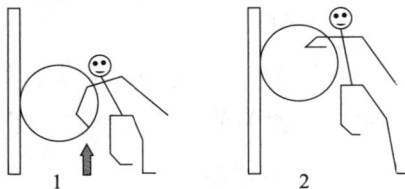

图 5-79　靠墙单腿侧蹲

### 3．注意事项

一定要屈膝，以降低重心。

## （七）外推腿

### 1．训练目的

外推腿的训练目的是发展大腿外侧肌群力量。

### 2．训练方法

（1）一只脚放在地面上支撑（腿略微屈髋、屈膝），另一只脚在身体侧面的球上。

（2）在踝关节上系胶带或阻力滑轮绳索。

（3）向身体外侧推移球上的脚，换腿重复练习。

示意图见图 5-80。

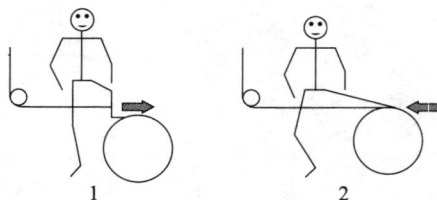

图 5-80　外推腿

### 3．注意事项

（1）身体应保持屈髋、屈膝的姿势。

（2）尽量加大动作幅度。

## （八）仰卧腿拉球

### 1．训练目的

仰卧腿拉球的训练目的是发展伸髋、大腿后部和屈膝肌群力量。

### 2．训练方法

（1）上身仰卧在地面上，把一个瑞士球放在脚跟下面，向两侧伸展两臂以维持平衡。

（2）向上提臀顶髋离地，当髋关节、膝关节、踝关节在一条直线时屈膝收腿。

（3）膝关节伸展以降低髋部，重复练习。

示意图见图 5-81。

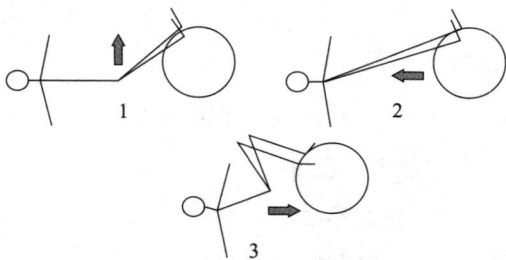

图 5-81　仰卧腿拉球

### 3．注意事项

可以尝试用一条腿练习或用胶带拉紧双踝。

## （九）单腿支撑前移

### 1. 训练目的

单腿支撑前移的训练目的是发展髋部力量与腿部力量。

### 2. 训练方法

（1）将瑞士球放在身体后部，右脚脚面支撑于球上，重心放在右脚上。

（2）左脚向前轻跳，将重心移到左脚上。

（3）髋部降低，右脚沿球面向后滚球，左膝弯曲至 90°时停顿，保持 2 s。

（4）左脚向后轻跳，回到初始姿势，换腿重复练习。

示意图见图 5-82。

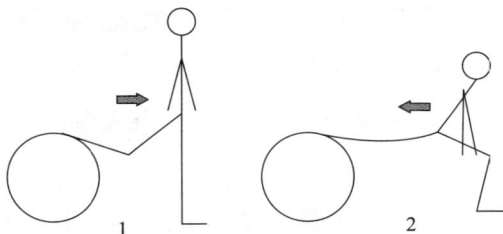

**图 5-82　单腿支撑前移**

### 3. 注意事项

（1）前面支撑脚的脚尖指向前方。

（2）向前移动支撑腿的膝关节，不要超过脚尖。

（3）保持躯干稳定。

# 三、辅助练习

这里主要研究以下几种练习方法。

## （一）俯卧屈膝拉胶带

### 1. 训练目的

俯卧屈膝拉胶带的训练目的是发展下肢屈膝肌群爆发力和力量。

### 2. 练方法

（1）踝关节系胶带，拉力的方向向下，在垫子上俯卧。

（2）两手交叉放在头后，快速交替屈伸两膝。

示意图见图 5-83。

### 3．注意事项

（1）小腿绕身体额状轴运动。

（2）尽量快速动作完成练习。

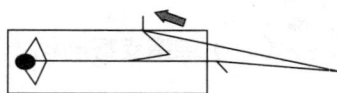

图 5-83　俯卧屈膝拉胶带

## （二）扶墙后拉胶带

### 1．训练目的

扶墙后拉胶带的训练目的是发展臀部和大腿后部肌群力量。

### 2．训练方法

（1）系胶带于一只脚的踝关节。

（2）两手扶墙。

（3）一条腿在地面上支撑，另一条腿向后反复拉伸，换腿重复练习。

示意图见图图 5-84。

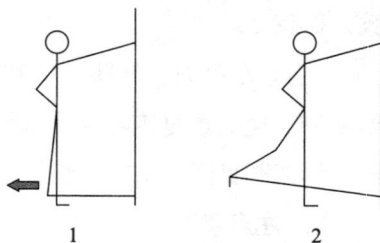

图 5-84　扶墙后拉胶带

### 3．注意事项

练习时动作要快、幅度要大。

## （三）仰卧提腿拉胶带

### 1．训练目的

仰卧提腿拉胶带的训练目的是发展下肢屈髋肌群的爆发力和力量。

### 2．训练方法

（1）踝关节系胶带，拉力的方向向下，在垫子上俯卧。

（2）两手交叉放在头后，快速交替抬起、放下两腿。

示意图见图 5-85。

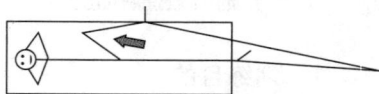

图 5-85　仰卧提腿拉胶带

### 3．注意事项

（1）大腿绕身体额状轴运动。

（2）尽量快速动作完成练习。

### （四）单腿上下跳台阶

1. 训练目的

单腿上下跳台阶的训练目的是发展腿部肌群蹬伸、支撑爆发力与力量。

2. 训练方法

选择高 30 ～ 40 cm 的台阶，单腿进行上下跳跃，两腿交换重复练习。

示意图见图 5-86。

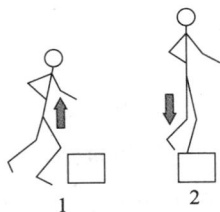

图 5-86　单腿上下跳台阶

3. 注意事项

（1）确保环境安全以及台阶稳固。

（2）尽可能快速完成动作。

（3）尽可能减少脚在台阶下接触地面的时间。

（4）两臂应配合腿部适当地摆动。

### （五）扶墙屈伸踝

1. 训练目的

扶墙屈伸踝的训练目的是发展小腿后部肌群力量。

2. 训练方法

（1）双手扶墙，单腿撑地，非撑地腿的脚背贴鱼撑地腿的脚后部。

（2）身体向墙倾斜，两臂稳定身体，支撑腿重复屈伸踝关节，两腿交替重复练习。

示意图见图 5-87。

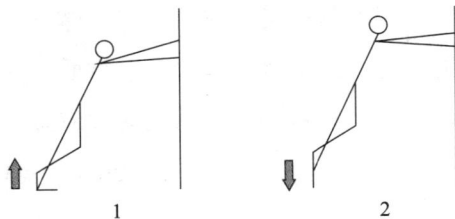

图 5-87　扶墙屈伸踝

3. 注意事项

（1）伸展身体成一直线。

（2）尽量快速动作完成练习。

# 第六章　专项体育运动的核心发展

专项体育运动的核心发展，本章主要从田径体能训练、游泳体能训练、羽毛球体能训练以及篮球体能训练进行研究分析。

## 第一节　田径体能训练

本节主要从田径速度素质训练、田径柔韧素质训练、田径耐力素质训练以及田径力量素质训练进行研究分析。

### 一、田径速度素质训练

速度素质是人体的基本身体素质之一，它是人体或人体某部位快速运动的能力。速度素质包含三个方面，即快速完成动作的能力、快速经过规定距离的能力和对外界刺激或各种应激反应的快速判断能力。速度素质训练是田径训练的主要内容之一，其中，绝对速度素质和速度耐力两者是相互促进、相互制约。田径运动员为了取得更好的成绩，有必要针对速度素质进行科学、合理的训练。

#### （一）走跑速度素质训练

竞走运动员的速度必须与影响速度耐力水平提高的其他因素同时协调发

展。竞走运动员既需要非乳酸无氧代谢供能的训练，也需要糖酵解无氧代谢供能训练，这两种素质的同时改善才能促进运动员速度能力的提高。除采用专门练习外，还可以安排高频小步走、原地快速摆臂的模仿竞走、持续快速的仰卧摆腿以及各种加速走和坡度走等练习。

**1. 竞走类项目的速度感的培养方法**

（1）数步法。在培养速度感之前，首先要对运动员进行数自己步子的训练，并养成数步的习惯。利用数步法训练速度感，最好先在田径场进行，因为 400 米场地便于初学者数步，还可分成 100 米、200 米段落，教练员也便于检查。

（2）跟踪法。速度感好的老队员可以按照计划的速度，带领新运动员进行速度感训练，使紧跟其后的运动员体会各种速度的感觉。

（3）判断法。当运动员通过上述速度感的训练并获得一定速度感后，就可以用判断法进一步强化他们的速度感。

（4）测验法。各种类型的测验，实际上也是一种特殊的训练形式，它既有提高专项能力的作用，又能检查速度感训练的情况，对一些速度感好的优秀运动员还能起到巩固和强化速度感的作用。

（5）比赛法。比赛是对速度感最好的检验。只有经过比赛检验的速度感才是真正的速度感，才有实用价值。测试通常会在运动员所熟悉的环境里进行，而比赛场上有不熟悉的对手、有胜负问题、有观众、有裁判员等，比测试的环境更为复杂。

（6）节奏感的培养。更高水平的速度感就是运动员能在公路没有距离标志、没有报时的情况下，凭着节奏判断速度的能力。当运动员培养起节奏感后，就能在各种情况下精确地判断出正确的速度，运动员只有具备这样的能力，才能应付各种复杂的比赛环境，最后取得胜利。

**2. 短跑类运动项目的速度训练分析**

短跑类项目运动员的速度训练主要包括反应速度、加速度和最高速度。速度训练的效果在很大程度上取决于速度练习距离的选择、练习量的掌握，以及恢复时间的控制。因此，速度训练应严格控制练习量及恢复时间的安排。

（1）反应速度。短跑运动员的反应速度主要取决于人的感受器（视觉、听觉）以及中枢神经系统与神经肌肉之间的协调关系。反应速度素质受遗传因素影响较大，此外，不同的信号刺激、不同的动作准备、不同机能状态、不同强度、接受刺激的感受器数量不同等因素都会影响运动员反应速度。反应速度训练常用的方法有信号刺激法（即利用突然发出的信号提高运动员对简单信号的反应能力）和运动感觉法。其练习手段有移动目标的练习及选择性练习，可采用启动追拍、起跑练习、给予信号加速跑、完整练习及变换练习。

（2）动作速度。短跑运动员的动作速度主要受中枢神经系统兴奋与抑制的转换速度和神经肌肉协调性的影响。提高动作速度常用的方法有利用外界助力控制运动员的动作速度、减小外界自然条件的阻力（如顺风跑）、利用动作加速或利用器械重量变化而获得的后效作用发展动作速度、借助信号刺激提高动作速度等。可采用仰卧快速伸腿、原地负重大腿抬放练习、快速摆臂、快速推举、利用助力练习及利用后效作用练习。

（3）移动速度。短跑类项目的移动速度主要取决于步长和步频，但并不完全取决于步长和步频的对应关系。全程的动作频率和动作幅度状况的改善以及两者之间的合理组合能保证运动员获得更快的移动速度。重复跑是提高移动速度最主要的手段。训练强度应是变化的，防止速度障碍，负荷量（持续时间）6～15秒。练习重复次数可以多，但必须以不降低练强度为原则，如4～5次，练习组数视运动员的具体情况而定，水平高者多些，水平低者少些，可采用加速跑、追逐跑、行进间跑、重复跑。

### 3. 中长跑类项目的速度训练分析

中长跑运动员的速度素质对提高专项成绩至关重要，尤其是高速跑能力与冲刺跑能力。在比赛中速度素质决定了运动员成绩的好坏。中长跑运动员既需要非乳酸无氧代谢供能的训练，也需要糖酵解无氧代谢供能训练，这两种供能装置同时改善才能促进速度耐力水平的提高。因此，运动员要加强速度能力方面的训练。提高高速跑及冲刺跑能力的训练手段有以下几种。

（1）重复跑练习。随着中长跑成绩的提高，运动中肌肉工作的时间减少，而在单位时间内工作强度加大，因此运动能量供应随之产生变化，以适应肌肉工作的需要。例如，800 米跑是 2 分钟内（优秀运动员）完成的最大强度运动，主要依靠无氧代谢供能，要提高成绩必须尽可能地减少供能速度慢的有氧供能比例，发展无氧供能的能力，特别是乳酸供能能力。

在比赛途中加速冲跑，会在体内造成大量乳酸堆积，进而破坏机体内的碱贮备平衡，使 pH 酸碱度降低，这将大大影响各种酶的活性，从而引起组织细胞的新陈代谢、兴奋性及各种生理机能紊乱，造成酸中毒。因此，要提高这方面的能力，可以采用重复跑练习，一般选择短于专项训练的距离。

（2）变速跑练习。采用变速跑练习，快跑段一般为 499～1000 米。变速的次数，则根据具体情况（如任务、场地条件、队员的身体情况）而定，一般在 5 次以上。快跑段落的总距离也可以适当加长些，但也不应超过太多。

（3）短跑能力训练。在高速跑能力训练的同时，加速跑能力的提高不容忽视，可以进行以下短跑能力训练。3×60 米大幅度地快跑，休息时慢跑返回；3×60 米慢跑开始逐渐加速，最后 10 米时达到最高速度，休息时慢跑返回；3×60 米高抬腿跑，也可由 30 米逐渐增加到 60 米，休息时慢跑返回；3×60 米跳跃快速跑，休息时慢跑返回；3×60 米变速跑。20 米跳跃、20 米慢跑、再 20 米跳跃，休息时慢跑返回；3×60 米走跑快速跑练习，休息时慢跑返回。

## （二）跳跃速度素质训练

跳跃运动员的速度主要体现在助跑和动作中，运动员必须具备在短距离中发挥出高速度的能力和专项所需要的特殊节奏，还要求运动员在短暂的起跳时间内和在很快的水平速度中爆发性地发挥出尽可能大的力量，这种对爆发力的要求与其他项目有明显区别，也对运动员的助跑速度、起跳时肌肉收缩的动作速度要求较高。另外，上肢力量和技术动作对跑速的影响是不容忽视的。

### 1. 发展位移速度

跳跃运动员的速度训练可以参考短跑运动员的速度训练，以发展和提高步频为主，并与掌握正确的技术紧密结合，运动员助跑既要发挥出高速度，而且还要有充沛的体力以便在高速中有力地完成起跳，因此训练中更重要的是发展运动员在较短距离内快速加速、发挥出最高速度的能力。

跳远、三级跳远项目可在跑道上或跳跃助跑道上，采用比赛的助跑距离、助跑节奏做助跑练习。长距离的助跑练习，助跑距离比正常的助跑距离至少长10米，且不需从起跳板起跳。它可以让运动员集中精力做快速起跳，因为运动员在长距离助跑末端的冲刺比正常的助跑距离末端冲刺快得多，对加快起跳极为有利。跳高项目可利用不同半径的圆圈跑，直线进入弧线跑和弯道节奏跑等进行助跑练习。

2. 发展动作速度的助跑起跳能力

动作速度是指完成单个动作时间的长短，主要取决于由肌纤维类型的百分组成及其面积、肌肉力量、肌肉组织的兴奋性和运动条件反射的巩固程度等因素。专门性的动作速度训练应与专项比赛动作要求相一致，快速重复各个项目的各种专项练习，发展专项所需部位的肌肉力量。一般可采用徒手或轻器械的各种专项练习、加助力的专项练习。动作速度训练中，练习的持续时间一般不宜过长。练习与练习之间的间歇由练习强度决定。

3. 提高跳跃项目的助跑速度和准确性

助跑在水平跳跃项目中起着重要作用，下面对助跑长度、助跑速度和助跑准确性进行简单的阐述。

（1）助跑长度。助跑距离过长会使最大速度在起跳前受到损失；助跑距离过短又使潜在的最大速度在起跳前不能充分发挥。一般来讲，助跑速度如果提高0.1米／秒，则起跳前的助跑距离就应该增加2%。在训练课中，可根据运动员练习形式、场地状况和风速改变助跑距离的长度。通常情况下，逆风时助跑距离应缩短30～50厘米；而顺风时，助跑距离应增加20～40厘米。最重要的是，比赛和训练时的助跑距离应该经常用皮尺进行精确的丈量。

（2）助跑速度。尽管助跑在水平跳跃项目中起着至关重要的作用，但仍有很多运动员在重大比赛中的助跑存在不足之处。教练员和运动员在训练中应对助跑的问题高度重视。助跑节奏的提高通常是在增加助跑速度和步幅长度并伴随重复练习后获得的。其中最重要的是，在助跑的最后几步中应正确分配力量和步幅，为起跳做好准备。

重要的是，全程助跑需要不断地修正和改进才能达到理想的效果，教练员可以在助跑开始后的第6步和起跳前的6步做标记来帮助运动员进行练习。由于快速助跑决定着跳跃距离的远近，因此，接近踏板时的动作是至关重要的，毕竟运动员在起跳前希望达到最大速度。

（3）助跑的准确性。提高助跑的准确性、稳定性的方法有：使用简单、固定的助跑开始姿势；使用标记控制最后6步助跑长度；注意外部因素，即根据风向、风力和比赛时场地状况做必要的变化；比赛和训练都应该注重全程助跑；赛前和每次跑前使用想象来模拟助跑时力量和节奏的分配。经验、动作感知、自信和对外部条件的观察在赛前训练中都有助于调整助跑长度。

4. 速度训练与弹跳力训练相结合

速度和弹跳力是影响跳跃项目成绩的两个重要因素。发展速度和弹跳力训练的方法有很多种，按照运动员的训练阶段、竞技水平、项目要求及个人特点等因素的差异，科学、合理地将速度训练和弹跳力训练有机结合，能有效地提高运动员的竞技能力。

## （三）投掷速度素质训练

速度训练主要针对位移速度和动作速度，一般采用短跑、跳跃和快速投掷等练习，这些练习可帮助运动员发展将力传到器械上去的速度。在短跑和跳跃的练习中，可以增强膝和髋部肌肉的爆发力，并提供同样的弹性动作，使之在投掷中应用。

1. 发展位移速度

发展运动员位移速度一般采用短跑练习、各种跳跃练习以及各种加速跑、冲刺跑、牵引跑、侧向和向后快速移动身体的练习等，距离和重复次数随运动员具体情况而定。

2. 发展动作速度

提高动作速度应与掌握和保持正确的技术动作紧密地结合在一起。专项性的动作速度训练与专项比赛动作要求相一致。大强度的重复训练法是提高运动员动作速度的最主要的训练方法。教练员常采用利用外界助力帮助运动员提高动作速度，如帮助运动员前送髋关节。在使用助力手段时，必须掌握好助力的时机及用力的大小，同时还应让运动员很好地感觉助力的时间及大小，以便使他们能及早地独立达到动作速度的要求。另外，可利用动作加速或利用器械重量变化而获得的后效作用发展动作速度。

### 3. 发展力量速度

（1）力量训练时要强调速度。绝对力量训练能加强人体"力量区"的大肌肉群的力量，这些大肌肉群对于运动员完成动作发挥着重要的作用，其中上体肌对于投掷运动员尤为重要，上体肌包括了背肌、斜方肌、胸大肌、三头肌、肱三头肌和腕部肌。投掷运动员在进行上体肌的力量练习时，一定要以速度为核心。比如，在卧推杠铃或35°～40°的斜板卧推杠铃的同时进行胸大肌练习时，一定要遵循"慢下快起"原则，强调动作速度。

（2）加强手腕和手指肌群的力量练习。手腕和手指肌群的力量练习是铅球运动员不容忽视的力量练习，因为没有有力的手腕和手指就不会在最后出手瞬间形成有力拨球，创造最高出手速度。其练习方法主要有：卷腕练习、腕屈伸练习、指卧撑练习等。

（3）结合原地正推铅球技术进行出手速度练习。采用轻器械进行投掷练习，一方面可以改进投掷技术，另一方面可以培养推铅球出手动作的速度感。运动过程中进行投掷练习，如助跑推铅球或实心球等器械，以更快的速度完成推球动作，提高快速出球能力。在进行投掷练习时，教练员还可以通过语言或掌声进行刺激，能促使运动员加快动作速度，以达到快速出手的效果。在进行绝对力量训练中，不要忽视小肌肉群的训练，要把大、小肌群，屈、伸肌群的训练相互结合起来进行，以充分体现速度和力量的素质。

## 二、田径柔韧素质训练

柔韧素质是田径运动员的基础素质之一，它是指跨过关节的肌肉、肌腱、韧带等软组织的伸展能力及弹性，即关节活动幅度和范围的大小。影响柔韧素质的因素有关节类型和结构，关节周围的肌肉厚度和强度，年龄、性别、体温和肌肉温度、肌肉力量，健康状况以及疲劳、情绪和心理唤醒水平等因素。

田径运动员的柔韧素质训练，在多数情况下是多种练习方法的类型和方式的综合应用。柔韧训练的基本要求可以有以下几个方面。

（1）负荷强度。逐步增加负荷强度，练习时不可用力过大、过猛。训练强度过大，会造成练习者精神和肌肉紧张，必然会影响伸展能力，导致肌肉、肌腱和韧带等软组织损伤。长时间、中强度拉力练习所产生的柔韧效果优于短时间、大强度的练习效果。

（2）负荷量。柔韧训练中应根据不同关节活动范围的需要来确定发展柔韧性阶段和保持柔韧性阶段练习的重复次数。柔韧练习的重复次数还取决于练习者的年龄和性别。少年练习者在一次课中练习的重复次数应比成年练习者少，女性练习者练习的重复次数应比男性练习者少。每个练习达到最大拉伸状态的持续时间可保持 10 秒左右，动作时间也可稍长。

（3）间歇时间。其基本原则应该是保证练习者在完全恢复的情况下再进行下一组练习。恢复与否可根据练习者的自我感觉来确定，当其感觉已恢复并准备好做下组练习时便可以开始。此外，练习间歇时间还与练习的部位有关，做躯干弯曲动作后就应比做踝关节伸展动作后的休息时间要长。在间歇休息时间可安排一些肌肉放松练习或进行按摩等，这样做能为下次练习加大关节活动幅度创造有利条件，使训练达到更好的效果。

（4）动作要求。一是要求逐渐加大动作幅度，使肌肉、肌腱、韧带等尽量被拉长；二是充分使肌肉被渐渐地拉长。柔韧练习在动作的速度上，一是用缓慢的速度拉伸肌肉，二是用较快的速度拉伸肌肉。由于在训练时多用缓慢速度拉伸肌肉，而比赛中多是以急剧的方式拉伸肌肉，故在保持柔韧素质阶段可以用一些速度较快的练习，以适应比赛需要。

## 三、田径耐力素质训练

耐力素质作为身体素质的一个方面，也称"耐久力"，是身体素质的重要组成部分之一，是体现个体的健康水平或体质强弱的重要标志。任何的运动项目都需要运动员具备相应的耐力素质。耐力训练就是要在身体训练的过程中有计划地对影响耐力的各个因素进行训练，扩大有机体进行一般工作的能力，建立提高专项负荷的条件，并利用素质转移的效果为发展专项耐力打下基础。

## （一）田径有氧耐力训练

### 1. 田径基础有氧耐力训练

（1）走跑类有氧耐力训练。可采用水中大步走或快走，大步走或交叉步走，定时走，沙地竞走，沙地负重走或连续走，竞走追逐。训练强度控制在50%～60%。

（2）游戏类有氧耐力训练。可采用3分钟以上跳绳或跳绳跑，5分钟以上的跳舞游戏，5分钟以上的循环游戏篮球"斗牛"游戏。训练强度控制在45%～60%。

### 2. 田径专项有氧耐力训练

（1）连续跑。训练方法：以匀速的形式连续跑进。

训练要点：跑的负荷尽量多，运动时间在1小时以上，匀速连续地跑。

适用项目：马拉松、1000米、5000米、公路竞走等。

（2）越野跑。训练方法：在野外、丘陵、山坡、平原的地形条件下进行越野跑，训练中，可以适当改变跑的速度。练习时，保持150～160次/分的心率，进行1.5～2小时的运动。

训练要点：在空气清新、相对松软、有弹性的地面练习。

适用项目：所有中长跑和竞走项目。

（3）变速跑。训练方法：利用改变速度的跑进行练习，训练时，进行由低到高的负荷强度安排，运动时保持130～150次/分、170～180次/分的心率，持续进行半小时以上的练习。

训练要点：根据运动者情况来控制速度和距离。

适用项目：1500米、3000米障碍、2000米障碍、5000米。

（4）间歇跑。训练方法：间歇进行跑的练习和休息，要求练习者在训练中的每一次练习中持续时间要短。当面临较大的训练负荷强度时，保持170～180次/分的心率。下一次的练习要在身体尚未完全恢复的情况下进行，心率控制在120～140次/分。

训练要点：尽可能延长训练持续的时间，一般来说训练持续时间应在半小时以上，组间应采用积极性休息。

适用项目：800米、1500米、3000米障碍、2000米障碍。

（5）法特莱克跑。训练方法：选择比较复杂的野外地形，地形应包括丘陵、山坡和平原，练习者自己进行快跑、慢跑、匀速跑、加速跑练习，要求距离不等。

训练要点：练习地点空气要新鲜，地形、地势要变化多端。

适用项目：所有中长跑和竞走项目。

（6）高原训练。训练方法：在高原地带进行一系列跑的练习，该训练主要是激发运动员的补偿机制，发展有氧和无氧耐力，对于运动者的要求比较高。训练必须在海拔1600米以上的高原进行，经系统的高原训练后再上海拔更高的高原，进行4～6周的系统训练，再回到居住地训练3～4周，下平原参加重大比赛。也可以采用"仿高原训练器""低压氧舱"等训练设备，模仿高原训练的环境和条件进行训练。

训练要点：注意解决高原训练能量消耗大、易疲劳、恢复时间长以及训练过程难以控制等问题。

适用项目：所有中长跑和竞走项目。

## （二）田径无氧耐力训练

### 1. 田径基础无氧耐力训练

（1）陆地无氧耐力训练，可采用原地间歇高抬腿跑，高抬腿跑转加速跑，间歇后蹬跑，间歇车轮跑，反复起跑，反复加速跑，反复超赶跑，反复跑台阶，拉力反复跑，计时跑，变速越野跑，上下坡变速跑，连续侧滑步跑，两人追逐跑，综合跑，往返运球跑，往返运球投篮，球场往返跑，运球绕障碍，全场跑动传接球，跳绳跑，跳绳接力跑，交替跳藤圈，连续滑步－侧倒垫球－滚翻，两人跑动传接球－抢断球－连续射门，两人踢传球－绕障碍运球－跑动射门。训练强度控制在60％～65％。

（2）水中无氧耐力训练。水中间歇高抬腿：在水池中进行练习，水深在40～50厘米，练习原地高抬腿。100次为一组，共进行4～6组的练习，每组之间有3分钟的间歇，训练强度控制在60％～65％。

（3）水中短距离间歇游。在游泳池中以50米、100米或更长段落进行反复游进练习，每组练习3～4次，共进行3～4组的练习，每次之间有2～3分钟的间歇，每组之间有10分钟的间歇。控制训练强度在60％～70％。

（4）水中变姿变速游。在游泳池中以50米为段落进行混合姿势游泳练习，要求练习过程中每组各种姿势各游50米，共练习3～5组，组间间歇10分钟。训练强度控制在65％～75％。

（5）分段变速游泳。在游泳池中进行变速游泳练习，以50米为段落，游进250～300米为一组，共进行4～5组的练习，每组之间有10分钟的间歇，快速段落应达到本人最快速度的70％以上，放松段落根据练习者的具体水平而定。训练强度控制在65％～75％。

（6）水中追逐游泳。两人一组，相隔3～5米的距离，同时出发，采用同一种游泳姿势进行追逐游，每次50米往返，共进行3～5组的练习，心率要达160次／分钟以上。训练强度控制在65％～75％。

（7）水中游泳接力。两人一组，进行50米往返游泳接力练习。训练过程中要求每人游4次，共进行3～4组的练习，每组之间有5～8分钟的间歇。控制训练强度在60％～70％。

### 2. 田径专项无氧耐力训练

（1）固定间歇时间跑。该训练可以发展运动员的乳酸供能无氧耐力。在训练时，采用80％～90％的练习强度，心率达到180～190次／分。

训练要点：单次练习的时间和距离应稍长，练习重复次数不宜过多。过程中间歇时间固定不变，可采用段落相等或不等的练习。如果段落不等，练习顺序由短到长，最后一组时基本保持规定的强度。

适用项目：100 米、200 米、400 米、400 米栏等。

（2）逐渐缩短间歇时间跑。训练方法、训练要点及其适用项目同固定间歇时间跑。

（3）短段落间歇跑。以较短段落进行间歇跑练习，该训练可发展运动员的非乳酸供能无氧耐力。可采用 30～60 米距离、95％以上的大强度练习，间歇时间为 1 分钟左右，持续时间为 10 秒左右。

训练要点：训练中保持高强度、较多的重复次数，组数根据运动员的具体情况而定。

适用项目：100 米、200 米、100 米栏、110 米栏等。

（4）长段落间歇跑。以较长的段落进行间歇跑练习，该训练可发展运动员的非乳酸供能无氧耐力。采用 100～150 米距离，间歇时间为 2 分钟以上。采用 95％以上的大强度练习，持续时间在 10 秒以上。

训练要点：训练中保持较高的训练强度，重复组数和次数根据运动员的具体情况而定。

适用项目：100 米、200 米、100 米栏、110 米栏等。

### （三）田径有氧无氧混合训练

#### 1. 反复跑

训练方法 1 采用 80％以上的强度，每组反复跑 150 米、250 米、500 米的距离 4～5 次。每组练习之间休息约 20 分钟，以预定的时间跑完全程。也可以采用专项的 3 / 4 距离进行练习。

训练要点：跑的过程中调整呼吸，出现极点时尽量不要放慢跑的速度。

适用项目：400 米、400 米栏、800 米、1500 米。

#### 2. 间歇快跑

训练方法：以接近 100％强度跑完 100 米后，接着慢跑 1 分钟，间歇练习。快、慢方式对照组成一组，反复训练 10～30 组。

训练要点：根据实际情况增减和调整训练负荷。

适用项目：400 米、400 米栏、800 米、1500 米。

### 3. 重复跑

训练方法：采用专项比赛距离或稍长距离，以100％强度全力跑若干次，每次之间充分休息。

训练要点：根据具体情况确定跑的距离，短跑运动者可采用30米，中跑者可以采用800米或1500米距离。

适用项目：400米、400米栏、800米、1500米。

### 4. 持续接力跑

训练方法：以100～200米的全力跑，每组4～5人轮流形式进行接力跑。如果练习者人数充足也可以分成若干组进行训练比赛。

训练要点：接力跑的距离结合运动员的体能素质和运动项目而定。

适用项目：100米、200米、400米、400米栏。

### 5. 俄式间歇跑

训练方法：采用固定练习中间休息时间，随着训练水平提高，逐渐缩短中间休息时间。如在跑400米练习中，用规定速度跑完100米后，休息20～30秒，如此循环反复训练。

训练要点：当运动者的能力可以缩短中间休息时间时，一般来说，调整休息时间应为15～25秒。

适用项目：400米、400米栏、800米、1500米。

### 6. 短距离重复跑

训练方法：采用300～600米距离，每次练习强度为80％～90％，进行反复跑。

训练要点：跑的过程中要注意速度分配的准确性，具体可以按全程或半程的速度分配计划。

适用项目：200米、400米、400米栏、800米。

## 四、田径力量素质训练

运动员进行田径力量素质训练，要保证训练的科学性和有效性，才能提高体能训练的质量和效果。为了达到此种目标，就要了解和掌握有关力量素质训练的基本理论。力量素质是指肌肉系统工作时克服或对抗阻力的能力。肌肉力量是人们完成各种动作的动力来源。如果一个人丧失了肌肉活动的力量，那么他的各种社会活动将会受到限制，严重影响日常的工作生活和学习。当人们参与体育运动锻炼时，就会借助机体的肌肉力量进行，而这些特殊的肌肉力量能力是通过运动训练获得的。力量素质在所有运动项目中都是最基本的身体素质，它是掌握运动技能、技巧以及提高运动成绩的最重要的基础。

运动员在进行力量素质训练时，需要注意以下事项：

（1）发展力量素质要有所侧重。田径运动中的项目的动作都非常复杂，完成技术动作的难度较大，因此需要身体各部分的共同协作才能完成一系列技术动作。在完成技术动作的过程中，力量素质是运动员完成动作的基础。因此，运动员要加强力量素质的训练。运动员在发展不同类型的力量素质时，既要全面又要有所侧重，这就要求发展力量素质首先应使四肢、腰、腹、臀等部位的大肌肉群和主要肌肉群得到锻炼、提高，其次也要注意发展那些薄弱的小肌肉群的力量。

（2）充分拉长和收缩肌肉，练习后肌肉应充分放松。运动员在进行力量素质训练时应使肌肉充分伸展拉长，然后再使其收缩，动作的幅度一定要大，这是因为肌纤维被拉长后可增大收缩的力量，与此同时又能够保持肌肉良好的弹性和收缩速度。运动员在完成力量素质训练后，肌肉会短时间充血且很硬，此时就需要做一些按摩、放松的练习，以充分放松肌肉。其目的在于加快运动性疲劳的消除，促进恢复，同时可以防止关节柔韧性的下降，从而有助于保持肌肉良好的弹性和收缩速度。

（3）训练时要结合田径专项的特点进行。田径运动中，不同的运动项目有着不同的技术动作结构，因此要求参加工作的肌肉群力量不同，要求的力量素质也不同。如短跑类项目，要求竭尽全力连续快速蹬地向前推进的力量；投掷类项目，要求竭尽全力使运动器械获得最大加速度的爆发力量；跳跃类项目，要求有良好的爆发力和弹跳能力。因此，力量训练要根据专项技术的动作结构来选择恰当的练习，以便于发展相应的肌肉群力量，提高运动成绩。

（4）采用大负荷与循序递增负荷。负荷训练能迫使肌肉进行最大程度的收缩，可以刺激人体产生一系列的生理适应性变化，从而促使肌肉力量的增加。为了达到训练的大负荷，训练时要适当地加大运动负荷量与运动强度。进行力量素质训练后，运动员的力量得到增长，原来的大运动负荷量逐渐发生变化，变为小负荷。若要继续保持大运动负荷，就必须循序渐进地递增负荷。比如开始训练时，某人用 20 千克做臂弯举，反复举 8 次出现疲劳。当训练一段时间后，他能用 20 千克连续举 12 次，这时就可以增加负荷至再次举起 8 次的重量，从而使有关的肌肉群始终处在大负荷状态下工作。

另外，在训练时还可以采用"超负荷训练"的方式进行训练。"超负荷训练"是指肌肉完成超出平时负荷的训练。"超负荷训练"会引起肌肉成分，特别是肌蛋白的分解，肌肉的成分重新组合，使肌蛋白含量得到提高，从而使肌肉更加粗壮有力，促使超量恢复的产生。这种力量素质训练的方法适用于高水平运动员，一般练习者或者体能较差者最好不要尝试。

（5）加强摆动的动力性练习。运动员进行力量素质训练时，还应注意训练中摆动的动力性练习，尤其是动作振幅，它可以帮助练习者获得用力感和速度感，增强技术动力力量，培养快速完成动作的能力，进而提高力量训练的有效性。除此之外，还能改进关节的灵活性。增大动作振幅要注意结合肌肉放松和伸展练习，以使肌肉保持弹性和柔韧性。

## （一）竞走类项目力量素质训练

竞走类项目的竞技技巧并不难掌握，此类项目的力量训练一般不采用负重的训练形式，主要以克服自身重量的形式进行。

### 1. 一般力量

一般力量训练指发展运动员全身各部位力量，主要包括符合专项技术的用力肌群的训练，以腿部、腰部、髋部、腹部、背部为主部位肌群，还包括臀肌肌群、股二头肌肌群、小腿和足关节屈肌群、肩关节和肱二头肌等，要求不同部位肌肉在完成不同练习时肌力和协调性得到提高。可采用丘陵地跑发展腿部力量耐力，连续跳跃练习发展腿部力量耐力，连续蛙跳发展腿部与整体的协调力量，综合力量练习发展整体力量和速度力量、耐力及协调能力。在运动员的训练中，身体素质训练是整体训练结构中的一个重要组成部分。因此，运动负荷数量、运动负荷强度以及运动负荷密度的加大或减小都要与同期专项运动能力训练协调一致，这样才能有效地促进整体运动能力的提高。

2. 专项力量

由于竞走运动员要连续较长时间地进行以下肢为主的重复动作，因此在全面发展运动员力量素质的前提下，对运动员下肢肌群的力量耐力和支撑器官（腿和踝关节）的力量能力要求更高。

因此，力量训练主要是力量耐力和支撑器官的训练。提高运动员的力量耐力，不是仅仅依靠提高运动员的绝对力量。在训练过程中，不应过多采用过重的杠铃练习，可以充分利用自然条件发展运动员的力量耐力和支撑器官的功能。

一般可采用加大难度的竞走练习，如上坡走、山地起伏地段走、适当的跳跃练习（如两腿交换跳、跳绳）、负重摆臂等。走时向前的动力主要由踝关节、趾关节、髋关节周围肌群收缩产生的水平推力提供。因此可加强支撑腿踝关节、趾关节、髋关节的伸屈力，这也是增加步频和步长的重要因素之一。综合力量练习需要将适合项目特征和个人特点的不同练习内容给予科学安排，其重复次数和组数应使运动员机体代谢供能达到与专项能力训练相同或接近的程度，从而有利于运动员整体力量素质的协调发展。

3. 核心力量

竞走运动员的力量训练的方法，需要注重既能增加肌肉力量又能增强肌肉伸展和放松能力的练习，这样才可以满足竞走专项力量的需求。

（1）静力性躯干训练。俯卧肘支撑，双臂屈肘（或肘撑气囊），双脚悬吊呈俯卧状，身体在一条直线上。仰卧肘支撑，双臂屈肘（或肩撑气囊），双脚悬吊呈仰卧状，挺髋，身体在一条直线上侧卧肘支撑，身体呈侧卧状，单脚悬吊支撑，单臂屈肘支撑（或肘撑气囊），身体在一条直线上。仰卧收腹固定，仰卧，臀部或双肘支撑，直腿上举或屈腿30°、60°做静力练习。

（2）动力性躯干训练。屈腿仰卧收腹，臀部着地，屈腿上举，双臂抱头起。支腿仰卧收腹，臀部着地，双腿上举60°，双臂抱头起（上体尽量靠近腿部）。仰卧收腹，臀部着地，双腿上举（直腿或屈腿），双臂抱头左右起。侧身抬腿，身体仰卧呈一条直线，屈臂肘支撑（或肘撑气囊、悬吊），非支撑腿直腿（或屈腿）上举（前、后、旋转）。

## （二）短跑类运动项目的力量训练

短跑是指400米及其以下的竞赛项目，它是人的快速跑能力的重要标志，是人体在大量缺氧状态下持续高速跑的极限强度运动。

### 1. 抗阻跑

目的：发展髂腰肌、股四头肌、臀大肌、股二头肌、小腿三头肌及足底等肌群力量。

方法：同伴用橡皮带捆住练习者腰部位置并用力拖住，练习者在跑道上做抗阻跑，30～60米为一组，做3～4组。

要求：两者注意配合。

### 2. 斜姿卧推

目的：发展胸大肌、三角肌、肱三头肌和手部肌肉力量。

方法：仰卧在斜板上，双手握持杠铃，做向前上方推举的动作。负荷为60%～80%，8～10次为一组，做3～5组。

要求：向前上方推举时手臂尽量伸直。

### 3. 负重前后过栏

目的：发展髂腰肌、股四头肌和小腿三头肌等肌肉力量。

方法：两腿小腿负沙袋（1千克）做前后过栏练习。

要求：重复进行，8～10栏为一组，做3～4组。

### 4. 单腿过栏架跑

目的：提高步频、快速屈髋力量和下肢灵活性。

方法：以约 1 米间距摆放 8 ～ 10 个 30 ～ 40 厘米高的栏架。在栏侧支撑腿快速跑进，摆动腿屈膝高抬从栏架上越过。

要求：摆动腿栏架上的快速高抬和折叠。

### 5. 单腿下蹲起

目的：发展股四头肌、臀大肌、股二头肌及小腿三头肌等肌群力量。

方法：一腿伸直抬起脚离开地面，一腿做单腿下蹲起练习。可将脚垫高 3 ～ 5 厘米。8 ～ 10 次为一组，做 3 ～ 4 组。也可以背部负重以增加练习难度。

要求：抬起的脚尽量伸直。

### 6. 斜坡上坡跑

目的：提高起跑爆发力，增加步长。

方法：在 20°～ 35°坡道上跑进 4 ～ 8 秒。

要求：争取在一定时间内跑更长距离。

### 7. 弓箭步换腿跳

目的：提高髋部动作速度和增加步长。

方法：从弓箭步姿势开始，垂直跳起，空中交换双腿成弓箭步。

要求：后腿膝关节不接触地面，重复时无停顿。双手叉腰或摆动协助双腿用力。

### 8. 负重转体

目的：发展腹外斜肌、腹直肌及腰背肌群力量。

要求：肩负杠铃站立，两手扶住杠铃，做左右转体动作。其负荷为 40％～ 60％，两侧各 10 ～ 15 次为一组，做 3 ～ 5 组。

要求：两脚固定不动，注意动作节奏，控制好器械。

### 9. 俯卧撑

目的：发展肱三头肌、胸大肌、三角肌和前屈肌等肌群力量。

方法：双臂支撑于地面，两腿并拢，脚趾撑地，做双臂屈伸起动作。重复进行。10 ～ 15 次为一组，做 3 ～ 4 组。也可以将脚垫于体操凳上或背部负重以增加练习。

要求：身体保持挺直姿势。

### （三）中长跑类运动项目的力量训练

中长跑是耐力性运动项目，进行中长跑锻炼能够改善呼吸系统和心血管系功能，发展耐力，培养顽强的意志和克服困难的精神。中长跑有预防和治疗某些慢性疾病的作用。中长跑包括中距离跑项目和长距离项目。由于距离和跑速的不同，跑的动作技术有一定的差异，距离越长，跑的有力程度、动作的速度和幅度就越小。中长跑也包括起跑技术、加速跑技术、途中跑技术和终点跑技术。

中长跑是典型的周期性速度力量与技术相结合的体能类项目，要求运动员必须具有良好的专项力量素质和整体身体素质。随着科学技术的飞速发展，体坛竞争日趋激烈，竞技比赛的胜负往往取决于那些微小因素上的微小优势。中长跑运动员若要达到一流水平，单靠某一种能力特别强是不够的，必须要具备扎实的专项力量素质：我们认为力量是身体素质的重要基础，力量训练扎实了，专项基建才能稳定，高水平专项训练才能有保证。

在训练过程中，应充分利用自然条件发展运动员的力量耐力和支撑器官的功能，如利用上坡跑或软地跑（沙滩、草地、雪地等）来增强腿部肌肉力量。经常选用的训练方法有：山地跑可以发展腿部的力量耐力，连续跳跃练习可以发展腿部各关节的力量耐力，连续单腿交换向上跳、连续跨步跳可以发展腿部力量耐力，循环力量练习可以发展整体力量、速度力量耐力及协调能力。

#### 1. 中长跑运动员的力量素质训练

力量是指人体在运动中克服内部阻力和外部阻力的能力。其表现形式包括：最大力量、爆发力量、速度力量和力量耐力等。力量是一种综合能力，力量训练的基本原理主要有：一是提高人体避免肌肉活动失去平衡的能力以及增加肌肉、肌腱和韧带协调性，以便减少损伤和较好地完成训练和比赛任务；二是通过增加肌纤维的收缩力量，可提高对地面施力的能力。力量训练是中长跑运动员提高专项能力的主要方法之一；发展中长跑运动员的最大力量、爆发力量、速度力量、力量耐力和专项力量，逐步加大运动负荷量、运动负荷强度，并使之与专项运动技术用力结构一致，是提高中长跑运动员能力训练的有效方法。

### 2. 最大力量的训练

改善中长跑运动员最大力量的途径：一是依靠改善肌肉内协调和肌肉间协调来增加力量；二是依靠肌肉体积的增大来增加力量。第一种途径的力量发展快，但容易消失；第二种途径需要增加肌肉的体积。中长跑运动员需要的力量，一般只能采取用第一种途径来发展，在进行最大力量训练时，肌肉收缩一次只有 50%～60% 的肌纤维参与工作。通过最大力量的 40%～60% 负荷力量练习，逐步加快动作频率，同时逐步增加重复次数，提高肌肉的协调性，这对中长跑运动员的速度提高大有裨益。

### 3. 爆发力量的训练

发展爆发力量对于中长跑运动员很必要。爆发力量有利于运动员反应速度的改善，有利于整体速度力量水平的提高，一般多采用最大力量的 70%～90% 的重量练习，用极限或接近极限的速度完成动作，其用力结构与专项技术用力结构一致的效果更好。

### 4. 速度力量的训练

速度力量是中长跑运动员不可缺少的力量。发展速度力量，一般多采用最大力量的 30%～50%，逐步提高完成动作的速度，逐步增加练习的次数和组数，这既有利于爆发力的改善，又有利于速度力量耐力的改善，更有利于中长跑运动员专项运动能力的提高。

### 5. 力量耐力的训练

发展力量耐力的方法主要是通过增强肌肉中毛细血管的数量和肌红蛋白的含量，改进输氧功能，提高糖酵解的能力和增大运动员承受最大氧债的能力。力量耐力与速度项目和力量项目具有一定的相关性，应用最多的是耐力项目。中长跑运动员进行快速的、长时间的力量耐力训练，既有利于心血管系统、代谢系统的功能改善，又有利于专项运动能力的提高。

### （四）跳跃类运动项目的力量训练

#### 1. 发展相对力量

跳跃类运动项目是克服自身体重的能力的项目，一方面要求运动员具有较大的最大力量，另一方面要求运动员体重不能过大，即要求运动员具有良好的相对力量。如跳跃类项目要求运动员保持较低的体脂水平，还要求较高的下肢肌肉质量。跳跃类运动项目通常采用肩负杠铃全蹲或半蹲跳的练习，以及使用各种方法上举杠铃和壶铃的练习。应采用 85% 以上的运动负荷强度，动员尽可能多的运动单位工作，减少肌肉功能性的肥大，达到在控制体重增加的前提下增大绝对力量的目的。

### 2. 发展速度力量

发展速度力量的练习通常采用在快速助跑中进行多级跳及发展速度型爆发力的练习。各种跳跃练习是指在最短的时间内完成规定的次数，短时间完成既定次数或在一定时间内完成较多的次数。

田径运动中，跳跃类项目所需的力量基本上属于速度性力量。长期以来，训练中常采用的是各种杠铃练习，杠铃练习属于重量性力量练习的手段，而这远无法满足田径运动中跳跃类项目的需求，实质上，跳跃类项目需要更多的是速度性力量的练习。具体介绍如下。

（1）基础跳跃练习手段：

①双腿跳栏架，即在平整的场地上排列 10 个栏架，双腿依次连续跳过，栏架的高度和间距因人而异。

②双腿跳皮筋，方式与双腿跳栏架基本相同，它能够有效地避免伤害事故的发生，有利于不断提高练习强度。

③跳深，双腿连续跳上（跳下）不同高度的跳箱（深坑），跳箱（坑）的高度（深度）要随着训练水平的提高而增加。

④屈膝跳，即连续双腿屈膝收腹跳起，膝盖和大腿尽量接近胸部。

⑤双腿连续跳台阶。

⑥在海绵垫上的各种跳跃。

⑦在沙坑中的各种跳跃。

（2）过渡性跳跃练习手段有：跨步跳、单足跳、单腿快速跳台阶、单腿跳皮筋、立定三级跳以及多级跳。

（3）专项跳跃练习手段：

①助跑起跳摸高，3 ～ 6 步直线助跑，起跳腿起跳后用手摸高。

②助跑 3 ～ 6 步跨步跳，最后落入沙坑。

③助跑 3 ～ 6 步单足跳，最后落入沙坑。

④助跑十级跨步跳，最后落入沙坑。

⑤助跑十级单足跳，最后落入沙坑。

⑥计时单足跳（30 秒计数或 30 ～ 60 米计时）。

### （五）投掷力量素质训练

投掷重器械可以发展专项力量，投掷轻器械可以有效地发展速度。轻、重器械组合训练，可使运动员的机体接受不同的刺激，防止肌肉僵化，达到提高投掷速度的目的。但是要注意的是，使用不同重量的器械限度不应造成明显的技术变形。另外，注意在力量训练过程中，不能忽视小肌肉群力量的训练。

#### 1. 大力量和速度力量

（1）最大力量。发展运动员最大力量的方法有大强度法、极限速度法、静力练习法、变换训练法、金字塔式训练法等，所采用的器械有杠铃、壶铃、哑铃等训练器械。使用拉力器、橡皮带等练习，依靠弹性物体变形产生的阻力发展力量素质，也可以利用组合器械练习，使身体处在各种不同的姿势（或坐或卧或立）进行练习，可以直接发展运动员所需要的肌肉力量，使训练更加具有针对性。

（2）发展速度力量。速度力量强调在尽可能短的时间内完成动作，表现出最大的力量，不同动作结构、不同强度、不同重复次数的练习对不同素质的发展具有不同的影响，因此，应特别注意完成动作时是否符合专项技术的要求。训练要既能使快速力量得到最大的发展，又要使它能在专项比赛中充分发挥。

发展快速力量的常用手段：

①器械不出手练习，如原地拉胶带、连续转髋、持球连续滑步、扶栏杆转髋、肩负杠铃原地旋转一周、持器械旋转等。

②结合投掷不同重量器械的专门练习和完整技术练习，采用轻器械、重器械和标准器械的组合练习。

③各种发展肩部肌群、腿部肌群、躯干肌群等的力量练习。

### 2. 投掷类项目专项力量训练分析

投掷类项目专项力量的最大特点就是爆发力，爆发力取决于速度和力量的结合。投掷类项目技术动作是投掷臂在最后用力阶段，大臂带动小臂，躯干通过右肩使前臂、上臂等部位一次瞬间用力，并且相互协调，依次做出快速有力的鞭打动作，由此可知，这是全身的继发性的爆发式用力。具体训练方法如下。

（1）动力性练习组合，包括斜身仰卧起坐、双腿负重屈伸、双臂负重上举。这组练习的负荷小，适合中小学运动员发展力量训练。

（2）爆发力训练结合铅球技术训练：

①手指俯卧、连续抓不同重量的铅球。

②用不同重量的杠铃快速前推、斜推，原地推不同重量的铅球。

③连续蛙跳、阻力负重连续滑步。

④负重进行体侧屈、体侧转的练习。

⑤负重半蹲起结合提踵练习。

⑥各种跳跃练习、快速跑练习。

### 3. 发展投掷类项目力量训练的注意事项

（1）做好专项准备活动。运动员除了做好一般准备活动外，还要充分做好专项技术训练前的专项准备活动。如采用杠铃杆进行肩上绕环、手臂的屈伸等练习，逐渐把肩关节、肘关节部位的肌肉和韧带全面地活动开。

（2）重视易受伤部位的练习。为了预防肩关节、肘关节等部位受伤，训练前要适当加大这些部位的力量、柔韧和灵活性的练习。平时还要注意发展小肌肉群的力量，应将其纳入常年的训练计划中。

（3）轻负荷，快重复。这种练习方法主要是增进耐力，如：练习30秒休息3秒，或练习50秒休息5秒，由几组重复练习组成一个循环，根据每个人的不同负荷重量，记录重复次数。

（4）退让用力练习。这种练习有几种不同的方法，其理论基础是超负荷原则，即在进行这种练习时，采用超过自身能力的重量，减少重复次数。得注意的是，速度力量训练的效果在很大程度上取决于中枢神经系统的兴奋度。因此，在训练中应避免出现疲劳，重复次数不宜过多，组间休息应保证机体基本获得恢复。总之，对于力量训练，教练员要掌握好练习的速度和负荷以及练习的方法、手段，方能使运动员取得较好的运动成绩。

# 第二节  游泳体能训练

游泳是一项独特的体育运动。训练不佳的核心肌肉可能导致技术缺陷和效率低下的问题，不仅对运动表现产生负面影响，甚至可能导致损伤。无论是自由泳、仰泳、蝶泳还是蛙泳，每个划水动作都依赖于得到良好训练的核心肌肉来保持躯干的稳定性。

## 一、针对游泳运动员的核心肌肉发展指导原则

有效的游泳核心肌肉发展训练计划应该体现以下原则：要促进躯干稳定性，而不只是孤立的力量。保持脊柱的正常弧度。既要在水中又要在陆地上执行核心肌肉训练。让全部核心肌得到锻炼。可以使用新式力量训练工具来促进躯干稳定性。每周训练核心肌肉三或四次。遵循循序渐进的原则。

## 二、针对游泳运动员的进阶核心肌肉训练

牢记上述原则，下面是一些针对游泳运动员核心肌肉力量和躯干稳定性的进阶训练例子：俯卧平板支撑进阶训练，瑞士球仰卧拱桥进阶训练，侧向拱桥进阶训练，死虫姿势进阶训练，四点支撑一交替对侧举进阶训练，折刀

式屈体进阶训练，仰卧摆腿进阶训练。

## 三、游泳核心训练实例

一个有效训练计划要求每周训练核心肌肉三或四次，每次训练选择四或五项练习。选择最适合自己的能力水平的强度。

开始时执行一组15次重复（或者如果适当的话，保持身体姿势15～20秒）的训练。在增加第二组训练之前，先将第一组的次数增加到25次（或保持姿势30秒）。最终努力的目标可能是每项练习执行25次，共执行3组。表6-1、表6-2和表6-3介绍了针对游泳运动员的核心训练计划例子。

表 6-1　针对游泳运动员的核心训练计划例子

| 训练项目 | 组数和重复次数或保持时间 |
| --- | --- |
| 俯卧平板支撑 | 15 秒 |
| 侧向拱桥 | 每侧 15 秒 |
| 四点支撑—交替对侧举 | 1×15 |
| 俄罗斯转体 | 1×15 |
| 悬吊划船 | 1×15 |
| 俯卧平板支撑 | 20 秒 |
| 侧向拱桥 | 20 秒 |
| 四点支撑—交替对侧举 | 1×25 |
| 俄罗斯转体 | 1×25 |
| 俯卧平板支撑 | 30 秒 |
| 侧向拱桥 | 每侧 30 秒 |
| 四点支撑—交替对侧举 | 2×25 |
| 俄罗斯转体 | 2×25 |
| 俯卧平板支撑 | 30 秒 |
| 侧向拱桥 | 每侧 30 秒 |
| 四点支撑—交替对侧举 | 3×25 |
| 俄罗斯转体 | 3×25 |

表 6-2　针对游泳运动员的核心训练计划例子

| 训练项目 | 组数和重复次数或保持时间 |
| --- | --- |
| 瑞士球仰卧拱桥 | 15 秒 |
| 折刀式屈体 | 1×15 |
| 仰卧交替抬腿 | 每侧 1×15 秒 |
| 瑞士球平板支撑到躯干折叠 | 1×15 |
| 侧抬双腿 | 1×15 |
| 瑞士球仰卧拱桥 | 20 秒 |
| 折刀式屈体 | 1×20 |
| 仰卧交替抬腿 | 每侧 1×25 秒 |
| 瑞士球平板支撑到躯干折叠 | 1×25 |
| 侧抬双腿 | 1×25 |
| 瑞士球仰卧拱桥 | 30 秒 |
| 折刀式屈体 | 2×25 |
| 仰卧交替抬腿 | 2×60 秒 |
| 瑞士球平板支撑到躯干折叠 | 2×25 |
| 侧抬双腿 | 2×25 |
| 瑞士球仰卧拱桥 | 30 秒 |
| 折刀式屈体 | 3×25 |
| 仰卧交替抬腿 | 每侧 3×25 |
| 瑞士球平板支撑到躯干折叠 | 3×25 |
| 侧抬双腿 | 3×25 |

表 6-3　针对游泳运动员的核心训练计划例子

| 训练项目 | 组数和重复次数或保持时间 |
| --- | --- |
| 死虫姿势 | 1×15 |
| 折刀式屈体 | 1×15 |
| 游泳式 | 30 秒 |
| 瑞士球卷腹 | 1×15 |
| 仰卧摆腿 | 1×15 |
| 死虫姿势 | 1×25 |
| 折刀式屈体 | 1×25 |
| 游泳式 | 40 秒 |
| 瑞士球卷腹 | 1×25 |

续表

| 训练项目 | 组数和重复次数或保持时间 |
|---|---|
| 仰卧摆腿 | 1×25 |
| 死虫姿势 | 2×25 |
| 折刀式屈体 | 2×25 |
| 游泳式 | 50秒 |
| 瑞士球卷腹 | 2×25 |
| 仰卧摆腿 | 2×25 |
| 死虫姿势 | 3×25 |
| 折刀式屈体 | 3×25 |
| 游泳式 | 60秒 |
| 瑞士球卷腹 | 3×25 |
| 仰卧摆腿 | 3×25 |

### 四、游泳专项核心训练

在水中进行的练习尤为有益，不仅可以训练核心肌肉，还可以提升游泳技能。一项对游泳运动员特别有用的核心训练是浮板进阶训练，如下所述：初级，一块或两块浮板放在胸膛下方，以流线型姿势在浮板上获得平衡。中级，在胸膛下方添加更多浮板，以增加挑战难度。高级，在流线型姿势下，轮流让胳膊和腿做弧线扫动动作。

注意，该训练的另一种方法是让背部保持流线型姿势，将浮板放在背部的中上位置。

## 第三节　羽毛球体能训练

本节主要从羽毛球力量素质训练、羽毛球速度素质训练、羽毛球耐力素质训练、羽毛球灵敏素质训练以及羽毛球柔韧素质训练进行研究。

## 一、羽毛球力量素质训练

专项力量素质的训练应以动力性练习为主。训练中注意掌握好练习密度和重量的关系。一般情况下，负荷重量大，单位时间内练习次数少，速度频率慢，休息时间间隔短；负荷重量小，单位时间内练习次数多，速度频率快，练习强度大．休息时间间隔长。例如，练习重点是以发展爆发速度力量为主，总次数不可太多，强调单位时间内动作速度要快，一旦出现单位时间内速度下降，应立刻停止或转换其他内容的练习。再如，练习重点是以发展耐力力量为主，则要求选手尽力保持一定的动作速度，坚持一定的重复数量。另外，在进行专项力量素质练习时，还应该适当穿插一些跑跳、灵敏性、柔韧性和协调性的训练，以保证获得最佳的专项力量素质训练效果。

### （一）上肢专项力量训练

（1）拉皮筋练习。将粗橡皮筋的一头拴牢在固定物上，另一头用持拍手以握拍的方式握住，以与羽毛球各种击球技术相似的动作进行拉皮筋练习。

（2）沙瓶或网球拍挥拍练习。用装满沙子的饮料瓶或网球拍，交替做以下与击球动作相似的练习，发展上肢击球力量。注意握持方式应与实战击球握拍方式相同。

（3）实心球投掷练习。面对墙壁或两人相距 8 ～ 10 米对面站立，持拍手持小实心球，以与羽毛球相似的动作投出，以发展手指、手腕的爆发力量。

注意：投掷时，发力的顺序是上肢通过上臂带动前臂，最后运用手腕、手指的力量将球投出，爆发力越强、距离越远、力量越大的投球效果越好。

### （二）下肢专项力量训练

（1）沙衣或沙袋负重下肢跳跃练习。穿沙衣或沙袋，增加一定的负荷，以所需的动作进行专项力量练习：全蹲向上起跳，双腿收腹跳，单、双脚向前后左右跳跃，单、双脚全力向上纵跳，弓箭步前后交叉跳，弓箭步左右两侧并腿转体跳，单、双脚蹬台阶跳跃，左右体前交叉跳跃转髋等。

（2）跳绳练习。单、双脚跳绳，双手双脚跳等。

（3）杠铃负重练习。按照规定的动作，负荷一定重量的杠铃进行下肢力量练习：前脚掌蹬跳，左右脚蹬高，交叉弓箭步跳跃，原地左右蹬跨弓箭步等。

### （三）躯干专项力量训练

（1）实心球练习。躯干前后屈仰：两人一组，相互间隔1.5米左右，背对背站立，持实心球以前屈后仰动作完成一人传一人接的传递练习。左右转体：两人一组，相互间隔1米左右，背对背站立，两人持实心球做相反方向即一人向左、一人向右的转体传接球练习，要求转体时双脚不动，仅以上体快速左右转动完成，速度越快越好。抛掷实心球：两人一组，相距10米左右，面对面站立，做双手或单手肩上抛掷球练习，要求运用类似鞭打的动作将球抛出，抛掷距离越远越好，接住实心球时立即抛回，如未接住则拾起来立即抛回。

（2）发展腰部肌肉练习。负荷沙袋做踢腿练习，以发展腰肌力量。左右腿正踢：侧立，一手扶同侧的支撑物，一腿全力向上踢起，左右脚交替进行，双腿均应绷直，踢腿时要用快速爆发力，另一支撑腿要配合踢腿提踵。左右腿侧踢：直立，手扶面前的支撑物，一腿全力向侧踢起，左右腿交替进行，向侧上踢的同时髋部要配合做侧转，另一支撑腿配合侧踢腿做提踵动作，两腿都要伸直。左右腿前后踢：直立，手扶面前的支撑物，一腿全力向前或后上方踢起，左右腿交替进行，向后踢的同时，上体做后仰动作，两腿都要绷直。腰部前俯后仰：侧对肋木，两腿与肩同宽靠肋木站立，非持拍手扶住肋木，做前俯后仰练习。后仰时，持拍手尽量去摸足跟；前俯时，持拍手由后仰习作配合击球动作向前上方用力挥动，带动腰部以类似后场击球做大弧度的收腹动作，加强背部位的韧性。

## 二、羽毛球速度素质训练

速度素质是指选手在运动中所表现出来的快速运动能力，通常表现为反应速度、动作速度和位移速度等不同形式。速度素质的好坏取决于中枢神经系统节律转换调节能力和肌肉力量的强弱。此时的速度素质训练主要以基础速度素质为主，结合专项特点，注重发展快速反应能力、快速起动变向移动以及快速完成各种击球技术动作等能力。速度素质训练可分为反应速度、动作速度和位移速度等，下面分别简介其基础速度和专项速度素质训练的内容与方法。

速度素质是羽毛球专项身体素质训练的核心。从某种意义上来说，羽毛球竞赛就是以不同形式的速度竞赛决定胜负。技、战术风格中第一条规定的"快"手，就是通过不同形式的速度来体现的。因此，专项速度素质训练，主要围绕提高羽毛球运动所需要的反应速度、起动加速度、变向移动速度、挥臂速度和前后场配合的连贯速度等方面进行。下面介绍专项速度素质训练的内容和方法。

### （一）专项视听反应速度

（1）场地步法：听或看信号、手势进行快速全场移动步法练习，以及前场、中场和后场各种分解和连贯步法练习。

（2）并步、垫步步法：看手势，向前后左右进行并步、垫步步法练习，以提高反应速度。

（3）击球挥拍动作：听到1、2、3、4的口令后，按照预先规定的姿势做击球挥拍动作练习。

（4）起动步法：听或看信号做起动步法练习，提高判断反应速度。

### （二）专项动作速度训练训练

（1）多球练习。快速封网：练习者在前发球线附近准备，陪练者在场地另一侧快速持续发平射球，练习者在快速移动中反复做网前封网。多球双打快速接近身杀球：练习者在场地中部，陪练者在场地另一侧前场，快速向练习者近身位置击球，练习者用正、反手姿势快速地进行防守反击练习。多球双打快速平抽快挡：练习者在中场位置以防守反攻站位准备，陪练者在场地另一侧从中场快速持续地向练习者扣球，然后双方连续平抽快挡，失误后，迅速发下一个球，不间断地反复练习。多球前场快速接吊、杀球：练习者在中场位置以防守站位准备，陪练者在同侧场地前场位置用杀球和吊球线路向练习者抛球，练习者连续做被动接吊杀球练习。多球扑球：练习者在网前位置准备，陪练者在场地另一侧用多球快速向练习者抛近网小球，练习者做正、反手姿势快速扑球或推球练习。快速击全场球：练习者在单打场地中心准备，陪练者在场地另一侧运用多球向练习者发各种位置的球（适当缩小移动距离），练习者跟上发球速度，连续快速地回击。

（2）快速跳绳练习。单足快速变速跳：采用1分钟快、1分钟慢的小密步频、高抬腿、前后大小步等专项步法，做快速变速跳绳练习。1分钟快速双摇跳：1分钟内以最快速度完成双足双摇跳，要求突出速度，以次数多者为佳。

（3）击墙壁球练习。以封网动作快速击球：面对平整墙壁1米左右站立，在头前上方以封网动作用前臂和手腕发力向墙壁连续快速击球。接杀球击球：面对墙壁站立，用接杀挑球或平抽球动作快速向墙壁连续击打体前上下位置的球。

（4）快速挥臂练习。肩上手腕前屈后伸快速持续挥拍：持拍手臂贴耳置于肩上、上臂和前臂伸直不动，仅靠手指控制握拍，手腕以前屈后伸动作做快速持续挥拍的练习。前臂屈伸快速挥拍：持拍手臂贴耳置于肩上，上臂不动，以肘为轴，仅以前臂用后倒前伸击球的动作做快速持续的挥拍练习。前臂体侧前后摆动挥拍：持拍手置于与肩齐平的高度，手肘前后摆动用类似抽打陀螺的动作做快速摆臂练习。快速抽球动作挥拍：按信号或节拍做各种正、反手快速持续抽球挥拍动作练习。快速连续杀球动作挥拍：上下肢协调配合，用完整杀球动作快速持续地挥拍练习。手腕快速绕8字挥拍，持拍手在体前，以肘为轴固定不动，手指放松握拍，仅用手腕沿8字形快速持续做挥拍练习。

（5）下肢快速步频练习。按照慢—快—最快，再由最快的动作速度节奏进行练习，时间可以控制在 20 秒慢转为 30 秒或 1 分钟快，再接 30 秒最快的速度交替进行练习。

（6）跨越障碍物练习。将障碍物摆放成各种形状，练习者以各种跑跳姿势快速穿越或跳越这些障碍物。

### （三）专项移动速度训练

（1）直线进退跑、左右两侧跑、低重心四角跑：方法参见步法练习部分。20 ～ 30 次为一组，做 4 ～ 8 组，组间可放松休息或视自身情况而定。

（2）杀球上网步法：快速连续完成后场左右移动跳跃步杀球击球动作，然后再迅速接做上网步法。20 ～ 30 次为一组做 4 ～ 8 组，组间可放松休息或视自身情沉而定。

## 三、羽毛球耐力素质训练

羽毛球选手的耐力素质是指选手长时间持续进行运动的能力，也称抗疲劳及疲劳后快速复原的能力，或坚持激烈活动的能力。根据长时间持续强度和能量供应的特点，羽毛球运动要求选手在一定时间内保持快速运动，耐力素质以无氧供能速度耐力为主。根据专项运动特点，在耐力素质训练中，在提高基础耐力素质的同时，应注意发展专项耐力，保证在比赛中持续快速工作的能力。现将基础耐力和专项耐力素质训练的内容与方法简介如下。

羽毛球运动中所需要的专项耐力不同于体能类长跑运动项目所需的那种长时间的持续耐力，而是一种快速运动状态下间隔时间长短不一的速度耐力。对抗中多次的反复快速起动、位移、击球动作，持续的快速运动贯穿整场比赛，速度耐力素质在羽毛球运动中起着极其重要的作用。因此，专项耐力素质的训练，应以发展强度高、间歇短的速度耐力为主。练习示例如下。

（1）冲刺跑加移动步法：200米、300米或是400米全力冲跑后，立刻进行45秒或1分钟全场移动步法练习，完成两项内容为一组，中途无间歇，组与组之间可间歇3分钟左右。依据选手的具体情况，可采用2组、3组、5组不等的练习负荷。

（2）长时间综合跑跳：内容可参见专项灵敏素质练习，但要延长练习时间，加大负荷量。

（3）长时间的单、双脚跳绳：采用专项速度素质训练中的跳绳内容，但要延长练习时间，加大负荷量。

（4）多球速度耐力：运用多球，进行全场各种位置的连续击球练习。以下多球练习的次数可视个人情况灵活掌握，但每次练习均应在快速动作的前提下有一定的基础数量，以达到速度耐力训练的目的。练习时，组与组之间应有间歇放松，休息后再练习。

①多球后场定点连续击高吊杀：陪练者用多球持续向练习者的后场发高球，练习者连续不停地进行高吊和杀球练习。在熟练技术的同时，增强手臂的击球耐力。

②多球连续被动接吊杀：陪练者用多球定点或不定点地向练习者的前场左右两点和中场左右两点抛球，练习者做全力接抛来的类似吊球或杀球练习。陪练者抛球时应适当增加练习者的接球难度，以让练习者"接被动球"为主。

③多球连续全场杀球上网：陪练者持续地用多球向练习者场区一前一后固定的路线发球，练习者进行杀球后快速上网搓球练习。陪练者应控制好发球的速度，以锻炼和发展练习者场上移动的速度耐力。

④多球双打后场左右连续杀球：陪练者用多球持续地向练习者后场左右区发高球，练习者连续不停地快速左右移动起跳杀球。这项练习是为了提高双打后场选手连续进攻的爆发力。因此，陪练者需要控制好发球的速度和范围，以保证练习者快速、持续地移动杀球。

⑤多球全场封杀球：陪练者用多球以右后场—右中场—右前场—左前场—左中场—左后场的顺序向练习者发球，练习者从右后场起跳后，迅速向前跟

进至右中场持续杀球，再向前压到右前场封网，再连续向左前场移动封网，再后退一步至左中场起跳杀球，再后退至左后场做起跳头项杀球。至此，完成一轮封杀练习。可持续完成几轮，以提高双打的速度耐力。

⑥多球全场跑动：陪练者用多球不断地、不固定地向练习者场区前左右发直发球，迫使练习者持续不断地做全场奔跑救球，以发展专项移动的速度耐力。

（5）单打持续全场攻防：用 5 ～ 6 个球；一人专门负责捡球，失误出现时，不间断地立即再次发球，使练习者没有间歇，在规定时间内保持较高速度反复移动击球。

①二一式，20 分钟或 30 分钟不间断持续全场进攻：这是单打进攻的加强式练习，目的是在熟悉各项技术的同时，提高练习者场上的速度耐力。其方法是练习者在场地一侧全力快速地组织球路向对方发起进攻，陪练者两人采用分边站位立于场地一侧，各负其责地守住自己一侧的来球。通常情况下，当练习者以平高球进攻时，陪练一方再回后场高球。如果练习者采用吊球或杀球进攻，陪练者即可回挡网前小球。练习时，双方可持续进行多拍，以减少捡球时间，提高练习的强度。

②三一式，30 分钟不间断持续全场接四角球和接吊杀球：这是单打防守的加强式练习。其方法是陪练者的一方为 3 人，1 人站网前，2 人分站后场两点，以加强进攻的威力，练习者站在场地的另一侧，全力快速地防守对方的来球。通常情况下，陪练者以平高球进攻后场，练习者一般回高球；陪练者吊球或是杀球下压进攻，练习者可任意回球。同二一式一样，练习时，双方可持续进行多拍，尽量减少捡球时间，提高练习的强度。

③三一式、四一式单打全场或是双打半场、全场防守：这是一种双打防守的加强式练习，练习时由 3 人或 4 人陪练，目的是加强攻击力，加大对抗的难度，全面提高练习者的防守能力。其方法是陪练者分别站位于场地一侧的前场和后场的几个位置，以后压前封的形式全力进攻。练习者可以是 1 人或是 2 人。如为 1 人，则守住半块场地的来球；如为 2 人，则分边站位，各负责防守半场的来球。

## 四、羽毛球灵敏素质训练

灵敏是一种综合素质，是运动技能和各种素质在运动中的综合体现。羽毛球运动击球速度快，对身体灵敏性要求很高，特别是下肢步法。选手在近40 平方米的场地上要进行各种急起、急停、曲线、直线、前后左右移动、上下位置的转向与跳跃等快速挥臂击球。灵敏性对技、战术运用和提高有至关重要的作用。

灵敏素质训练包括上肢、下肢和躯干部位，下面介绍基础和专项灵敏素质训练方法。

### （一）基础灵敏素质训练的内容与方法

#### 1. 抛接羽毛球训练

（1）将球向上抛起，即刻下蹲，双手触地，再迅速站起用右手将球接住。练习中可以游戏的方式进行，如做连续接 10 次球的比赛。以协调配合好、完成速度快者为优胜。

（2）持球，右腿直腿抬起，同时用右手将球从抬起的右膝下向左上方抛起，再用左手以此方法反复进行练习。

（3）两臂侧平举，右手将球经头顶向左侧方向轻轻抛出，左手接住球后，以同样的方法经头顶向右侧抛球，右手接住，如此反复进行练习。

（4）两臂向前平举，用右手将球从左臂下面向上抛起，再用右手接住，连续做数次后，再换左手做同样的动作，如此反复进行练习。

（5）用右手将球向上抛起，同时原地起跳向左转体 360°，然后接住球。再换左手做同样的动作，但要向右转体 360°。如此反复进行练习。

（6）单脚站立，同侧手将球从身后经肩上方抛向身前，再用抛球手接住，接球后才能把提起的脚放下。再换另一只脚站立，用另一只手做同样的抛球接球练习。如此反复进行练习。

（7）两脚左右开立，上体前屈，一手持球经胯下将球从背后抛向身前，然后身体快速站成直线将球接住，反复练习。

（8）在地上画一直径 3 米的圆圈，沿圆圈顺时针方向边跑边持拍颠击羽毛球，再换方向逆时针做颠球跑。跑的时候全身上下要协调配合，双脚要踏在线上，同时用球拍控制好球，不让它落地。

（9）在地上画 1 米左右的直线，两端各放一球，练习者手持一球站在线的中间向上抛起后，迅速弯腰分别拾起地上左右两端的球，再接住落下的球。

### 2. 灵敏游戏训练

（1）持球过杆：在长 20 米的直线上插 10 根杆，练习者持拍向上颠球，同时沿曲线绕杆做接力跑练习。

（2）踢球过人：甲乙二人相距 6 米对面站立，丙站在甲乙中间，甲乙二人力争将羽毛球踢过丙并由对方接住球，丙则尽力截击踢过来的羽毛球。

（3）圈内截球：数人围成一圈，根据练习者的人数多少，决定圈内进 1 人或 2 人。圈外的人在圆圈空间范围内将羽毛球来回传递，圈内练习者则设法截击，触到球为截击成功，被截住球的传球者则被换进圈内，继续练习。

（4）小沙包击人：在一个长约 8 米、宽约 4 米的场地内设防守者，进攻者站在场地纵向的两端，以小沙包击防守者。如守者的身体任何部位被沙包击中，则被罚下，直到守方全部选手被罚下场为止。然后交换攻守，继续练习。

### 3. 变向能力训练

（1）过人：在地上画一条横线，练习者两人对面站在线的两侧，一攻一守，攻者设法越过横线而不被守者触及身体，守者则伸开双臂拦阻攻者，设法不越过横线，以此来练习移动中的变向能力。

（2）抢球：练习者分为两个小组，一组传接羽毛球，另一组则设法截夺，截夺成功则交换角色，看哪方控球时间长。要求：控球者不能长时间持球，必须不停地传接球。

### （二）专项灵敏素质训练的内容与方法

专项灵敏素质是运动技能和各种素质在运动中的综合表现，是一种身体与球和谐统一的特殊素质。羽毛球击球最大飞行时速达300多千米，球在空中飞行速度快，方向变化多，对身体的灵敏性提出了很高的要求，特别体现在瞬间的方向距离感和突变能力。下面介绍一些提高羽毛球专项灵敏素质的常用练习方法。

### 1. 上肢灵敏性训练

（1）手腕前臂灵敏性训练。快速、变向地用手接各种前半场小球：练习者站于中心位置，陪练者向其前场两点和左右两角抛球，练习者以低重心配合跨步做双手接球，然后立即抛给陪练者，同时迅速退回中心位置，准备接第二来球，如此反复进行练习。快速左右前后一步腾空接球：练习者站在中心位置，陪练者向其左右两侧的高空抛球，练习者判断来球后侧身跃起，用类似足球守门员的动作在空中接球，再抛给陪练者，同时迅速回位中心位置，准备接第二次来球，如此反复进行练习。快速用手接前后左右上下位置的来球：练习者站在中心位置，陪练者向其前后左右上下6个点抛球，练习者向来球方向移动，并用双手接球再立即抛回给练习者，再迅速退回中心位置准备接第二次来球，如此反复进行练习。

（2）手指灵敏性训练。捻动拍柄：手持拍柄，用手指捻动拍柄，做左右上下转换拍柄位置的练习。抛接球拍：将手持的球拍向前后左右和上方抛起，再用手迅速接住，如此反复进行练习。持拍绕环：两手各持一拍，在各自的同侧前方位置顺时针或逆时针方向做手腕大绕环练习；或是两手做不同方向的大练环；或是两臂交叉，在异侧做大绕环练习。也可以用相同方法以肘为轴做前臂绕环练习。

### 2. 综合灵敏性跳绳训练

跳绳是发展羽毛球专项素质能力的一种行之有效的手段，它不仅可以加强大腿、小腿、踝关节和手腕、前臂的力量，而且对发展上下肢协调配合的灵敏素质也有很大帮助。另外，跳绳练习比较简单，效果好，也不受场地的限制，只要有一根尼龙绳即可进行练习，是各国羽毛球选手首选的专项身体素质训练方法之一。

（1）前后小交叉步、大跨步交叉跳绳：练习时要以前脚掌着地，完成交叉和跨步动作。

（2）高抬腿跳绳：以原地高抬腿动作完成跳绳练习。

（3）双脚前后左右跳绳：选择一个中心点，双脚以"米"字形做跳跃练习。

（4）起动步法跳绳：依据步法移动方向，运用起动步法的第一步进行跳绳练习。

（5）左右脚花样跳绳：两脚分别依据不同的花式变换进跳绳练习，以提高两脚的灵活性。

（6）向右、向左转髋跳绳：先屈膝跳跃并向右转髋90°，然后恢复原位，再屈膝跳跃向左转髋90°，快速交替进行练习。

采用以上练习时，可视具体情况，选择20分钟、30分钟或1小时的持续时间，反复交替进行。

3．下肢综合跑训练

（1）小步跑：以前脚掌触地，向前做快频率的小步跑。腿要蹬直，以发展小腿和踝关节的力量。

（2）高抬腿跑：一腿蹬直，另一腿的大腿上抬至水平，两腿交换动作，快速进行。

（3）后蹬跑：跑进时，蹬地腿向后下方发力蹬直，摆动腿同时向前上方屈膝摆起，以弓箭步跨步腾起落地。两腿交替快速进行。

（4）后踢腿跑：跑动过程中，一腿充分后踢，另一腿蹬直。两腿交换动作，快速进行。

（5）垫步跑：右腿在前左腿在后，屈膝向右前方垫步跑；再换左腿在前右腿在后，屈膝向左前方垫步跑。接下来改为左腿在前、右腿在后，屈膝向右后方垫步跑；再换左腿在后、右腿在前，屈膝向左后方垫步跑。如此快速交替进行。跑动中身体保持稳定。

（6）左右侧身并步跑：双腿屈膝，以并步姿势向左侧做并步跑，再向右侧进行。

（7）前后交叉步侧向移动跑：以前后交叉步向左侧或右侧做移动跑练习。

（8）双脚向后跳：双脚向前下方蹬地做向后跳跃练习。

（9）体前交叉转髋：跑动中，左腿屈腿上抬至水平后，以髋部带动向右转，落地后再换右腿屈腿上抬至水平，以髋部带动向左转体，落地后再换左腿做，如此快速地交替进行。

综合跑练习可选 30 米的距离，用以上动作来回重复两次，连续完成全部内容为一组，具体负荷组数视个人情况而定。

### 4. 髋部灵活性训练

（1）快速转体：以左脚为轴，右脚向前、向后做蹬步转体练习。

（2）前后交叉起跳转体：即连续的后场起跳击球动作练习。

（3）原地转髋跳：髋部向左、向右连续转动，向右转时右腿向外旋，左腿向内旋，两脚尖方向保持一致向右，身体向前，上体保持平衡，仅下肢转动。髋部向左转时，左腿向外旋，右腿向内旋，两脚尖方向保持一致向左。

（4）高抬腿交叉转髋：高抬腿姿势，当腿抬至体前最高点后迅速向左或向右转体。左右腿交替持续做。

（5）收腹跳：双脚全力向上纵跳的同时，双腿向胸前屈收，完成屈腿收腹动作，连续跳跃一定次数，反复进行。

（6）小密步垫步前后蹬转：右脚向前移动半步，左脚紧跟其后迅速垫步靠向右；此时以左脚为轴心，右脚向后蹬地转体，左脚随即后退小半步，右脚再次向前移动，如此反复进行练习。

（7）半蹲向前后左右转体垫步移动：练习时，在短距离内视信号快速变换方向。

## 五、羽毛球柔韧素质训练

柔韧素质训练包括上肢、下肢和躯干等部位，下面简单地介绍基础和专项柔韧素质训练的内容与方法。

## （一）基础柔韧素质训练的内容与方法

### 1. 拉长身体各部位韧带训练

（1）屈体：两脚左右开立，与肩同宽，两臂以稍比肩宽的距离斜上举，上体尽量前屈，双手先在左膝后面击掌，再换在右膝后击掌，依次反复进行。

（2）伸展：两脚左右开立，与肩同宽，两臂在胸前平屈，掌心向下随上体向左转而向两侧展开，向后振臂拉长韧带，还原后再随上体向右侧做同样的动作，反复进行。

（3）振臂：直立，上体挺直，两臂前平举，尽力侧开向后振，恢复准备姿势后重复后振，反复进行。

（4）触摸脚尖：两脚左右开立，比肩稍宽，两臂自然下垂。上体前屈，以左手指尖触摸右脚尖，再以右手指尖触摸左脚尖，反复进行。

（5）体侧屈伸：两脚左右开立，与肩同宽，左手叉腰，右臂向上伸直，上体向左侧屈，做侧屈伸练习。再以右手叉腰，左臂向上伸直，向右侧做右侧屈伸练习。

（6）转腰：两脚左右开立，与肩同宽，两手扶后脑，上体反复向左右两侧做转体动作，先向右转，再向左转，如此反复进行，转体时两脚勿动。

（7）跳跃：两脚左右开立，与肩同宽，两臂侧平举，跳跃两次，然后两脚并拢，两手在头顶上拍两下，再跳跃两次，以一定的频率反复进行。拍手时两臂要伸直。

（8）弓箭步：向前跨弓箭步，最大限度地拉压腿部肌肉和韧带，左右腿交替进行。

### 2. 拉（压）韧带训练

手扶肋木，将身体练习部位搭靠在肋木上，借助肋木，进行以下各部分肌肉带的柔韧性练习。

（1）正面压腿：面向肋木站立，一腿支撑，另一腿抬起，脚跟置于肋木上，肩部尽力压靠抬起腿的膝部，然后两腿交换。两膝均不得弯曲，髋关节必须与被压腿垂直，必须用胸部向拉伸腿压靠。

（2）侧面压腿：侧向站立，一腿支撑，另一腿侧向抬起置于肋木上，两臂上下分开，协助上体以同侧肩部压靠抬起的腿，然后两腿交换。两腿膝均不得弯曲，髋关节必须与抬起的腿水平，必须用同侧的肩部压靠被压的腿。

（3）后压腿：背向肋木站立，一腿支撑，另一腿向后抬起置于肋木上，两臂上举协助上体后仰，尽量以头部贴靠被压的腿，然后两腿交换。两膝均不得弯曲，髋关节尽量与被压的腿垂直，要缓慢地拉压，以防受伤。

（4）劈叉：借助肋木，交替进行竖劈叉（正向）和横劈叉（侧向）练习，竖叉时左右腿可交替前后。

（5）拉压肩：双腿面向肋木开立，双手或单手扶肋木，立腰，上体前屈，舒展地拉、压肩部，充分拉开肩关节，也可以进行侧向拉肩或背向拉肩。

（6）下腰：背向肋木，两腿自然开立，两臂上举，带动上体后仰，抓住肋木做拉伸躯干部位的练习。

## （二）专项柔韧素质训练的内容与方法

关节活动幅度大，肌肉和韧带的伸展度好，有助于高质量地完成各种位置的击球动作。柔韧素质的好与坏，关系到上下肢和躯干协调性的好坏，直接影响到运动中完成各种技术动作的质量。常用的专项柔韧素质练习方法有以下几种。

### 1. 发展上肢关节韧性伸展性训练

（1）绕肩：两臂上举，以直臂或屈臂姿势向前绕臂，再向后绕臂，如此反复快速进行。

（2）转动绕环手腕：手腕以屈伸、外展、内收等动作，做顺时针、逆时针转动绕环的练习。

（3）持拍做肩部大绕环：其方法参见上肢专项灵敏素质训练，注意加大肩关节绕环幅度。

### 2. 发展下肢各关节韧带伸展性训练

（1）后仰前屈：手扶固定物两脚开立与肩同宽，持拍的手臂徒手上举，先向后仰，尽量用手触摸同侧的跟腱；再以击球姿势收腹向前屈体，用手去触摸同侧的脚尖，反复做此练习。也可改为两人背向站立，相距1米左右，持实心球做上体前屈后仰传接练习。

（2）拉跟腱：两脚前后自然开立，后脚的脚尖指向正前方。前腿屈，后腿踏直，并使后脚脚跟尽量地贴近地面，最大限度地拉伸跟腱，再换另一条腿做同样练习。

（3）踢腿：参照上述的压腿练习方法，手扶支撑物全力快速地做正向、侧向和后向的踢腿练习。

（4）弓箭步跨步：两腿交替做向前或向侧前方踢小腿，迈出大跨步的弓箭步。跨步时应以脚后跟先触地，脚尖微外展，屈膝大于90°，髋部尽量与跨步的大腿呈水平。

### 3. 发展腰部伸展性训练

（1）绕环：两脚与肩同宽开立，向左前、右前、左后、右后、左侧、右侧做练习。

（2）转腰：两人背向站立，相距1米左右持实心球做左右转体传接球练习；也可运用头顶被动击球动作做腰部快速后伸前屈练习。

长期的羽毛球运动实践证明，经常而系统地进行上述各种体能训练，一方面可以有效地提高专项身体素质，从而全面提高技、战术水平；另一方面还可以增强肌体素质，提高抗疲劳能力。成长中的少年儿童，进行正确恰当的体能训练，能使内脏器官和身体形态得到协调发展，有利于身体的正常生长发育。而对于成年人来说，体能提高和运动能力增强，既能降低运动中各种损伤的发生概率，又能改善人体的机能水平，获得复好的体质，提高学习和工作的效率。

# 第四节　篮球体能训练

篮球运动员在比赛和训练期间涉及几种不同的运动模式。不论是爆发性地改变运球方向还是艰难地篮下卡位和抢篮板，核心区都代表着四肢和躯干之间的生物力学连接，而且负责在不同平面产生和吸收力量期间形成稳定性和灵活性。为适应比赛而进行的身体训练涉及全面理解人体功能性运动的各个协同方面。专项体育运动的运动模式的训练和改善方法是，有意识地增强和训练核心肌肉，使其功能得到协调统一。

　　篮球是一项需要许多身体姿势变化的体育运动。改变方向的运动以不同的方式给核心肌肉施加负荷，如果此时执行过人动作或调整身体姿势准备投篮，将给身体带来更大的考验。身体接触也是篮球运动的一部分，运动员在对手的行进路线上设置掩护或者在篮筐两侧时，可以用自己的身体来制造和吸收碰撞力并调整身体姿势，试图借此获得优势。不管是抢篮板、远距离投篮、尝试上篮或者在篮筐两侧移动或扣篮，伸出的双臂都需要与核心肌肉配合，以达到所需的距离及在跳跃和落地期间保持平衡。恰当的核心肌训练方式将促进运动员获得良好的结果。

## 一、核心发展训练计划

　　使用精心策划、循序渐进的核心肌肉训练计划能够让各个水平级别的篮球运动员锻炼出高效的核心肌肉，为他们执行动态运动提供坚实的基础。在制订核心肌肉训练计划时应额外关照个子更高的运动员；这是因为脊柱骨盆髋关节复合体导致腿部缺乏力量和柔韧性，进而导致膝关节疼痛。如果更高的球员存在膝关节和柔韧性问题，那么要在核心肌肉练计划中一并解决。

　　对于初学者而言（表6-4），目标就是增强躯干稳定性和发展坚实的基础，为参加要求更高的核心肌肉力量训练做准备。对于中级运动员（表6-5），应该随着灵活性训练的加入而继续发展稳定性。中高级核心训练（表6-6）将带来更具挑战性的功能性活动范围，它们以比赛中用到的专项体育运动模式为基础。高级训练（表6-7）涉及更多专项运动中专业的功能性动作模式，而且会给核心肌肉施加越来越大的压力。

表 6-4　针对篮球的初级核心发展训练计划

| 训练项目 | 组数和重复次数 |
|---|---|
| 瑞士球卷腹 | 2×10 |
| 屈腿瑞士球仰卧拱桥 | 2×10 |
| 俯卧平板支撑 | 保持 2×20 秒 |
| 旋转投掷球 | 每侧 2×10 |
| 杠铃片对角线下砍 | 每侧 2×10 |
| 下手抛球 | 2×10 |

表 6-5　针对篮球的中级核心发展训练计划

| 训练项目 | 组数和重复次数 |
|---|---|
| 绳索跪地卷腹 | 2×12 |
| 四点支撑—交替对侧举 | 每侧肩膀 / 髋部 2×12 |
| 俯卧平板支撑 | 保持 2×30 秒 |
| 绳索跪地旋转卷腹 | 每侧 2×12 |
| 绳索低 / 高劈砍练习 | 每侧 2×12 |
| 坐姿胸前推球 | 2×12 |
| 哑铃侧屈 | 2×12 |

表 6-6　针对篮球的中高级核心发展训练计划

| 训练项目 | 组数和重复次数 |
|---|---|
| 悬挂抬膝 | 2×15 |
| 背部伸展 / 腹背训练 | 2×15 |
| 侧向拱桥 | 保持 2×30 秒 |
| 俄罗斯转体 | 每侧 2×15 |
| 旋转投掷球 | 2×15 |
| 过顶投掷球 | 2×15 |
| 绳索侧屈 | 每侧 2×15 |

表 6-7　针对篮球的高级核心发展训练计划

| 训练项目 | 组数和重复次数 |
| --- | --- |
| 悬挂抬直腿 | 2×10 |
| 静态背部伸展 | 每侧 2×20 |
| 瑞士球平板支撑到躯干折叠 | 2×20 |
| 侧抬双腿 | 每侧 2 x20 |
| 仰卧起坐式过顶投球 | 2×20 |
| 杠铃片对角线下砍 | 2×20 |
| 过顶砸球 | 2×10 |
| 过顶后抛球 | 2×20 |

　　在每次训练之前强烈建议运动员通过动态热身运动准备核心肌肉。热身能让身体通过模拟体育运动动作来体验该运动的活动范围，同时增加身体的柔韧性。此外还建议使用自身技术来放松肌筋膜，比如在泡沫轴上滚动，以加强肌肉组织在运动之前的就绪状态，而且在训练或比赛结束之后，也建议做有序的放松运动。

## 二、篮球专项核心训练

　　篮球运动员应该做各种各样的训练，其中一项训练要求他们在单腿站立的同时用另一侧手臂举起重物。此外，还可以做有意破坏平衡性的训练，即使用带有软垫的设备给球员施加外力，让球员保持防守姿势和坚挺的躯干。站立姿势过顶动作训练尤其重要，可以使用篮球来模拟某些技术，比如抢篮板或传球。身高超过 198 厘米的球员在做需要从地面举起重物的训练时要有限度，因为可能会过度弯曲脊柱。高个子球员更好的训练策略是以站立姿势从膝盖高度举起重物。

# 参考文献

[1] 李萍美. 现代体能训练理论与方法 [M]. 北京：原子能出版社，2009.

[2] 于少勇，赵志明. 基础体能训练 [M]. 北京：原子能出版社，2008.

[3] 谷崎. 体能训练的基本理论与方法 [M]. 西安：西北工业大学出版社，2010.

[4] 孟国荣，等. 基础体能训练方法解析 [M]. 哈尔滨：哈尔滨地图出版社，2008.

[5] 杨世勇. 体能训练学 [M]. 成都：四川科学技术出版社，2007.

[6] 刘胜，等. 健身原理与方法 [M]. 武汉：中国地质大学出版社，2010.

[7] 黄华清. 运动与健身 [M]. 武汉：华中科技大学出版社，2006.

[8] 谭成青，李艳翎. 体能训练 [M]. 长沙：湖南师范大学出版社，2012.

[9] 王向宏，等. 体能训练理论与方法 [M]. 北京：北京航空航天大学出版社，2010.

[10] 吴东明，等. 体能训练 [M]. 北京：高等教育出版社，2005.

[11] 夏培玲，王正树. 大学生体能锻炼指南 [M]. 大连：大连理工大学出版社，2012.

[12] 毕春佑. 健身教育教程 [M]. 北京：科学出版社，2003.

[13] 陈松娥. 运动健身与合理营养 [M]. 长沙：湖南大学出版社，2007.

[14] 张钧，张蕴琨. 运动营养学 [M]. 北京：高等教育出版社，2006.

[15] 孙耀，等. 大众健身行为的理论研究 [M]. 北京：中国商务出版社，2008.

[16] 张蕴琨，等. 运动生物化学 [M]. 北京：高等教育出版社，2006.

[17] 沈剑威，等. 体适能基础理论 [M]. 北京：人民体育出版社，2008.

[18] 史绍蓉. 大学运动健康理论 [M]. 北京：高等教育出版社，2006.

[19] 张英波. 现代体能训练方法 [M]. 北京：北京体育大学出版社，2006.

[20] 南仲喜. 身体素质训练指导全书 [M]. 北京：北京体育大学出版社，2003.

[21] 万德光，等. 现代力量训练 [M]. 北京：人民体育出版社，2003.

[22] 王兴林. 田径运动概论 [M]. 北京：科学出版社，2009.

[23] 张贵敏. 现代田径运动教学与练习 [M]. 北京：人民体育出版社，2005.

［24］刘黎明，苏萍. 田径运动竞技与健身. 西安：西安地图出版社，2008.

［25］孟刚. 田径［M］. 北京：北京师范大学出版社，2008.

［26］邬孟君，张志胜. 田径运动原理与科学健身实践［M］. 长春：吉林大学出版社，2014.

［27］彭美丽，叶莱. 羽毛球专修课教材［M］. 北京：北京体育大学出版社，1998.

［28］肖杰. 学打羽毛球［M］. 北京：人民体育出版社，2004.

［29］彭美丽. 羽毛球技巧图解［M］. 北京：北京体育大学出版社，2001.

［30］林建成. 羽毛球技战术训练与运用［M］. 北京：人民体育出版社，2009.

［31］（日）平井博史，渡边哲义. 通过游戏提高羽毛球技术练习100例：羽毛球协调性训练［M］. 金晓平，赵束慧，等，译. 北京：人民体育出版社，2009.

［32］王韶. 核心力量训练对青少年100米运动员力量素质影响的研究［D］. 长春：吉林体育学院，2016.

［33］崔益梵. 核心力量训练在健美操教学中的实验研究［D］. 郑州：郑州大学，2016.

［34］鲍杰. 青少年男子游泳运动员核心力量训练对传统力量训练优化的实验研究［D］. 武汉：武汉体育学院，2015.

［35］徐静. 核心力量训练对羽毛球前场击球技术的影响［D］. 南昌：江西师范大学，2015.

［36］于丽江. 核心力量训练在高校网球专选班发球教学中的实验研究［D］. 长春：东北师范大学，2013.

［37］赵龙. 核心力量训练对大学生等速肌力及无氧和有氧运动能力的影响［D］. 济南：山东师范大学，2013.

［38］郭秀升. 核心力量训练在济南高校篮球训练中应用的研究［D］. 济南：山东师范大学，2013.

［39］李锦辉. 首都体育学院大二短跑二级运动员核心力量训练的实验研究［D］. 北京：首都体育学院，2013.

［40］徐纪雷. 两种力量训练方法对核心部位肌群力量变化的影响研究［D］. 北京：首都体育学院，2012.